MARCO POLO

Italien

Reisen mit Insider Tipps

Diesen Reiseführer schrieb Bettina Dürr. Die Journalistin lebt seit zwei Jahrzehnten in Bologna und Düsseldorf und hat ein Buch über italienische Volksfeste sowie mehrere MARCO POLO Reiseführer geschrieben.

www.marcopolo.de

Infos zu den beliebtesten Reisezielen im Internet, siehe auch Seite 141

SYMBOLE

Insider Tipp **MARCO POLO INSIDER-TIPPS:**
Von unserer Autorin für Sie entdeckt

★ **MARCO POLO HIGHLIGHTS:**
Alles, was Sie in Italien kennen sollten

HIER HABEN SIE EINE SCHÖNE AUSSICHT

WO SIE JUNGE LEUTE TREFFEN

PREISKATEGORIEN

Hotels

€€€	über 150 Euro
€€	90–150 Euro
€	bis 90 Euro

Die Preise beziehen sich auf ein Doppelzimmer ohne Frühstück. In der Hochsaison sind viele Zimmer am Meer und in den Bergen nur mit Voll- oder Halbpension zu haben.

Restaurants

€€€	ab 16 (12) Euro
€€	10–16 (8–12) Euro
€	bis 10 (8) Euro

Die Preise gelten für ein Hauptgericht *(secondo)* bzw. (in Klammern) für ein Nudel- oder Reisgericht *(primo)*. Beilagen (*contorni*, ab ca. 3 Euro) müssen separat bestellt werden.

KARTEN

[152 A1] Seitenzahlen und Koordinaten für den Reiseatlas Italien

[U A1] Koordinaten für die Karte Rom im hinteren Umschlag

[O] außerhalb der Romkarte

Zu Ihrer Orientierung sind auch die Orte mit Koordinaten versehen, die nicht im Reiseatlas eingetragen sind.

GUT ZU WISSEN

INHALT

Die wichtigsten
Marco Polo Highlights

Sehenswürdigkeiten, Orte und Erlebnisse, die Sie nicht verpassen sollten

1 **Mont-Blanc-Überquerung**
Auf dem Dach Europas: mit der Kabinenbahn über die Gletscher (Seite 32)

2 **Cinque Terre**
Dieses traumhafte Stück Küste sollten Sie in der Nebensaison besuchen (Seite 37)

3 **Große Dolomitenstraße**
Panoramafahrt durch die Kalkzinnen (Seite 47)

4 **Cappella degli Scrovegni**
Das furchtbare Fegefeuer des Malergenies Giotto in Padua (Seite 48)

5 **Vicenza**
Die Werke des Andrea Palladio, Stararchitekt der venetischen Aristokratie (Seite 51)

6 **Canal Grande**
Eine Bootsfahrt auf der Hauptachse der Lagunenstadt Venedig (Seite 54)

7 **»Abendmahl«**
Leonardo da Vinci malte vor einem halben Jahrtausend in Mailand das bekannteste Wandbild Italiens (Seite 64)

Die Rialtobrücke überspannt den Canal Grande in Venedig

Kurioses Achteck: Castel del Monte

Monterosso in den Cinque Terre

★ Die Highlights sind in der Karte auf dem hinteren Umschlag eingetragen

Entdecken Sie Italien!

Ein Land der Kunstschätze und der Lebenskunst, der Berge und Badeküsten

»Il bel paese«, das schöne Land – es sind die Italiener selbst, die ihr Land so nennen: Wohl kaum ein Volk ist derart davon überzeugt, im schönsten Land der Welt zu leben. Allein das Licht und die Sonne, dieser Dunst der Wärme, der sich über die weit geschwungene Hügellandschaft des Apennins legt, über die pastell-, ocker- und steinfarbenen alten Stadtkerne, über die silbrig flimmernden Olivenbäume und die leuchtend grünen Zitrushaine.

Dazu gesellen sich die *cultura antica* und die *monumenti,* der Stolz, einem Volk mit einer überreichen, hoch zivilisierten Vergangenheit anzugehören: Laut Unesco beherbergt Italien über 60 Prozent des gesamten Weltkulturerbes an Kunst- und Kulturschätzen – in historischen Stadtkernen, in archäologischen Ausgrabungsstätten und in mehr als 3000 Museen.

Aber das ist natürlich noch lange nicht alles, weswegen alljährlich viele Millionen Touristen aus aller Welt ins *bel paese* reisen: Da sind zunächst die höchsten Alpengipfel Europas (der Monte Bianco misst

Sestri Levante an der ligurischen Riviera liegt an zwei Traumbuchten, von denen die eine auch so heißt

Säulen, Sockel, Skulpturen: In Italien atmet fast jeder Stein Geschichte

4810 m). In Form eines langen Stiefels ragt das Land schließlich wie eine Halbinsel ins Mittelmeer hinein, mit sage und schreibe 8500 km Küste. Ein weiterer großer Trumpf ist das Essen in Italien. Da freut sich der Reisende, die geliebten Nudeln im Italienurlaub sozusagen in ihrem Mutterland essen zu können.

Einmal in Italien angekommen, gehört der erste Gang auf die Piazza: Empfangssalon, Mittelpunkt urbanen Lebens, Bühne für die Italiener. Setzen Sie sich dort in das Café mit dem besten Überblick, bestellen Sie einen Cappuccino, einen Campari oder auch einen hausgemixten Fruchtaperitif und schauen ganz einfach den Italienern zu: Dort sieht man ein paar ältere Herren stehen und heftig über Gott und die Welt (und den Fußball) dis-

Geschichtstabelle

Ab 1000 v. Chr. Hoch entwickelte Kunst und Technik der Etrusker

8.–5. Jh. v. Chr. Griechen gründen über 40 Städte in Süditalien

4.–1. Jh. v. Chr. Rom herrscht in ganz Italien und im Mittelmeerraum

5. Jh. Germanen, Langobarden, Vandalen und Hunnen dringen von Norden nach Italien ein

11. Jh. Die Normannen erobern Kampanien, Apulien, Sizilien

14.–15. Jh. Herausbildung selbstständiger Herzogtümer, Stadt- und Seerepubliken, des Königreichs Neapel/Sizilien und des Kirchenstaats

1434 Dynastie der Medici in der Toskana, kulturelle Blütezeit der Renaissance

1556–1799 Aufteilung Italiens unter Bourbonen, Habsburger, Frankreich

1848–49 Der Kampf um die Einigung zu einem italienischen Nationalstaat (»Risorgimento«) beginnt

1860 Der »Zug der Tausend« unter Garibaldi besiegt die Bourbonen in Neapel und Sizilien

1870/71 Rom und der Kirchenstaat kommen zum Königreich Italien, Rom wird Hauptstadt des neuen Nationalstaats

1915 Italien tritt gegen Österreich und Deutschland in den Ersten Weltkrieg ein

1919 Im Friedensvertrag von Versailles werden Italien Südtirol, das Trentino, Triest und Istrien zugesprochen

1922–1943 Faschistische Diktatur unter Benito Mussolini

1946 Nach dem Zweiten Weltkrieg wird Italien durch Volksentscheid Republik

1992/93 Schmiergeldskandale, brutale Mafiamorde und Terroranschläge erschüttern Italien

ab 1994 Zusammenbruch der traditionellen Parteien, Suche nach einer neuen Politik; erstmals seit Kriegsende eine linksliberale Regierung

2000 Bologna ist Europäische Kulturhauptstadt

2001 Der rechtspopulistische Medienmogul Silvio Berlusconi wird italienischer Ministerpräsident

2004 Genua ist Europäische Kulturhauptstadt

2006 Winterolympiade in Turin und den Bergen Piemonts. Der linksliberale Romano Prodi gewinnt die Wahlen gegen Berlusconis Rechtsbündnis. Italien wird Fußballweltmeister

kutieren. Ist gerade Markttag und Winter, wird man viele Damen im Nerz sehen – *bella figura* in der Öffentlichkeit zu machen hat Vorrang vor jedem Tierschutzgebot. Gruppen von Jugendlichen ziehen vorbei, lebhaft gestikulierend, alle modisch gestylt und mit einem schicken *telefonino,* dem allgegenwärtigen Handy, in der Faust.

Der Lebensstandard der Italiener ist hoch, und so kann eine Reise nach Italien zu einem kostspieligen Vergnügen werden. Die Preise für Hotels, Restaurants, Museen, Strandleben sind beachtlich. Dafür steigt in den letzten Jahren – neben Nepp und liebloser Abfertigung, die es natürlich auch, wie überall auf der Welt, gibt – die Qualität von Hotels und Restaurants. Allenthalben wird restauriert, was aber auch bedeutet, dass sich Monumente, Skulpturen, Palazzi und Fresken oft genug hinter Gerüsten und großen Plastikplanen verstecken.

» Eine überreiche, hoch zivilisierte Vergangenheit «

Anlässe zur Verschönerung und Instandsetzung heruntergekommener Viertel und Gebäude gibt es immer. Zum Heiligen Jahr 2000 hat man für die Millionen Pilger halb Rom restauriert und infrastrukturell modernisiert. Die vormals sehr von Fiat geprägte Stadt Turin versucht man derzeit mit ambitionierten Projekten ins postindustrielle Zeitalter zu überführen. Viele Palazzi und prachtvolle Museen sind in Genua – Europäische Kulturhauptstadt 2004 – neu herausgeputzt worden. Mit der Pflege der historischen Stadtzentren kontrastieren die manchmal nahezu bedrückende Zersiedelung an der Peripherie der Städte und eine oft erstaunlich grobe moderne Architektur. Und obwohl die Italiener den Umweltschutz etwa durch die Einführung von Kläranlagen und die Einrichtung von Naturschutzgebieten immer ernster nehmen, erschrecken an manchen Stränden, in Waldstücken und an Flüssen die

Von den Alpen bis in die Stiefelspitze: Die Bar ist die gute Stube der Italiener

Aus einer Zeit, als Shoppingmalls noch Stil hatten: Galleria Umberto in Neapel

Müllhinterlassenschaften – vor allem, aber nicht nur im Süden.

Es sind die Italiener selbst, die ihr Land am schärfsten kritisieren, vor allem dann, wenn nicht alles so läuft wie erwünscht. Verkehrschaos, fehlender Parkraum in den Städten, schlechter Service, überfüllte Züge: Da können die Italiener an sich und ihrem Land verzweifeln. Oder wenn im August die Fabriken schließen und damit auch gleich viele Restaurants und Geschäfte in den großen Städten: Ganz Italien fährt ans Meer, und drangvolles Chaos und hohe Preise sind programmiert. Natürlich ist eine Notreserve garantiert, für die, die nicht in Urlaub fahren, und für einsame, mutige Touristen. Dabei gibt es nichts Schöneres, als diese heißen, ausgestorbenen Städte einmal ohne Verkehr und Lärm genießen zu können.

»Der erste Gang gehört auf die Piazza, den ...«

Damit beginnen auch schon die Argumente, warum man immer wieder gerne nach Italien fährt: der Schiefe Turm von Pisa, ein schimmernder Olivenhain, Michelangelos David, die Gondelfahrt auf dem Canal Grande ... Die Italiener sind immer noch freundliche, großzügige und offene Menschen, auch wenn ihr Leben beim näheren Hinschauen beileibe nichts »Süßes« hat und sie – von wegen Dolce Vita! – im statistischen Vergleich tatsächlich sogar mehr als Deutsche, Engländer oder Franzosen arbeiten.

Italien ist vornehmlich ein Bergland, auf dessen Hügeln und in dessen Tälern fast 58 Mio. Menschen Platz finden müssen. Im Norden hat Italien noch wesentlichen Anteil an den Alpen: an den südwärts gerichteten Massiven der Zentral- und Westalpen, deren Ausläufer die großen oberitalienischen Seen freigeben, und an den südlichen Kalkalpen mit den Dolomiten. Die Poebene schließt sich an, ein breites Flachland, das von Piemont bis hinüber an die Adriaküste um Rimini reicht. Italienreisende durchqueren sie normalerweise eilig, entspricht sie doch platt, schwül und mückengeplagt so gar nicht einer typisch italienischen Landschaft. Dabei birgt sie sehenswerte Städte wie Parma, Mantua, Ferrara, dazu eine von Pappelzeilen und Deichen strukturierte Flusslandschaft längs des Pos, die im naturgeschützten Delta an der Adria mündet – reizvoll mit seinen Brackteichen, Flussarmen, Sanddünen und zahlreichen Vogelarten.

» ... Empfangssalon und Mittelpunkt urbanen Lebens «

Klimatisch wird der Norden Italiens noch kontinental beeinflusst, das heißt, in Turin und Mailand ist es im Winter oft genauso kalt wie in Berlin oder Wien, höhere Sommertemperaturen kündigen allerdings schon die Nähe zum Süden an. Berühmt sind die milden Winter an der Riviera im Schutze der Seealpen und des ligurischen Apennins: Im Rücken Liguriens treffen die Alpen auf den Apennin, der sich über 1200 km lang durch Mittel- und Süditalien bis an die Südspitze Kalabriens zieht. Im Süden wartet der Apennin sogar mit einem noch tätigen Vulkan auf – dem Vesuv bei Neapel, der, wenngleich ohne Rauch, noch nicht erloschen ist.

Ganz Italien hat eine Fläche von rund 300 000 km². Ein Sechstel davon sowie die Hälfte seiner 8500 km langen Küste entfallen auf die Inseln. In diesem Führer wird jedoch nur das Festland beschrieben. Da die großen Inseln meist als eigene Reiseziele angesteuert werden, liegen sie jeweils als MARCO POLO Einzelbände vor: Sizilien, Sardinien, Capri, Elba und Ischia.

Der geografischen und klimatischen Vielfalt mit ihren Alpengipfeln, Flussebenen, waldreichen Mittelgebirgen, mediterranen Hügellandschaften und Meeresküsten entspricht die Vielschichtigkeit der historischen Vergangenheit Italiens. So hat jede Stadt, jede Provinz, jede Insel ihre eigene Geschichte. Griechen und Etrusker waren nach der Völkerwanderung um 1000 v. Chr. die Ersten, die Kultur und Geschichte Italiens nachhaltig prägten. Die Griechen kamen im 8. Jh. v. Chr. auf der Suche nach Ackerland; bis zum 4. Jh. v. Chr. entstanden auf Sizilien und in Süditalien über 40 griechische Städte.

Die Etrusker, die vornehmlich im Norden Latiums, in der Toskana und der Poebene siedelten, waren ein handwerklich und künstlerisch hoch entwickeltes Volk. Sie bargen Bodenschätze, verstanden es, Metalle technisch sehr versiert zu bearbeiten, sie legten Sümpfe trocken, pflanzten Wein (das Weintrinken brachten sie später den Römern bei), bauten Brücken und Flotten. Dank ihrer starken Religiosität und eines verblüffend heiteren Totenkults sind zahlreiche Zeugnisse ihrer lebendigen und ausdrucksvollen Kunst erhalten geblieben. Ihre Gräberstädte, die Nekropolen vor allem im Latium, gehören zu den Attraktionen einer Italienreise.

Im Laufe des 4. und 3. Jhs. v. Chr. unterwarf Rom ganz Italien und schickte sich in den nächsten

Jahrhunderten an, ein gewaltiges Imperium im Mittelmeerraum, in Kleinasien und Europa aufzubauen. Imposante Bauten zeugen noch heute von dem Repräsentationswillen dieser einstigen Weltmacht. Zu ihnen zählen das Kolosseum, das 80 n. Chr. mit 100 Tage andauernden Kampfspielen eingeweiht wurde, die gigantische Hadriansvilla bei Tivoli, die Caracallathermen in Rom, in denen 1600 Badende Platz fanden, und die Arena in Verona mit ihren 22 000 Plätzen.

Der Untergang des Römischen Imperiums dauerte Jahrhunderte. Schon bedroht von den Alemannen, den Franken, den West- und Ostgoten, den Hunnen und Germanen, teilte es sich noch in ein west- und ein oströmisches Reich, Letzteres mit der byzantinischen Hauptstadt Konstantinopel. Im 5. Jh. wurde Ravenna Residenz der weströmischen Kaiser und ist deshalb heute eine der besuchenswertesten Städte Italiens. Neue Völker drangen nach Italien wie die Langobarden, die sich im 6. Jh. vor allem in Norditalien niederließen (= Lombardei) und Pavia zur Hauptstadt machten. Sie lösten den römischen Zentralismus auf, indem sie verschiedene kleine Herzogtümer gründeten. Vor ihnen flohen die Veneter auf die bisher unwegsamen Laguneninseln, begannen von dort aus regen Handel mit dem byzantinischen Osten und legten den Grundstein für das Lagunenreich Venedig.

» *Ein ganz großer Trumpf ist das Essen in Italien* «

Im Süden hatten Araber Sizilien und Teile des südlichen Festlands besetzt. 200 Jahre lang, von 800 bis 1000 n. Chr., beherrschten sie die Insel, bis die Normannen sie bezwangen und integrierten. Diese wurden Anfang des 13. Jhs. von den Staufern abgelöst. Aus normannischer und staufischer Zeit stammen vor allem in Apulien eindrucksvolle Kathedralen und Festungen.

Vom 10. bis ins 13. Jh. prägten die Herrschaftsansprüche der deutschen Kaiser und ihre Rivalitäten mit den Päpsten das Italien der mittelalterlichen Städte: Guelfen (Papsttreue) und Ghibellinen (Kaisertreue) standen sich gegenüber. Durch Kreuzzüge und Orienthandel blühten die Hafenstädte auf, Universitäten entstanden. Heute noch zeugen die stattlichen Amtspaläste in den Städten vom Selbstbewusstsein der Kommunen, die im 13. Jh. zu eigenständigen Stadtstaaten wurden.

Im 15. Jh. rivalisierten sechs große Staatswesen: das Herzogtum Mailand, die Republik Venedig, der florentinische Stadtstaat der Medici, der Kirchenstaat des Papstes und die beiden süditalienischen Königreiche Sizilien (Spanier) und Neapel (Franzosen). In dieser Zeit entwickelte sich, von Florenz ausgehend, die italienische Renaissance, deren Kunst und Kultur für ganz Europa zum Maßstab wurde.

Die katholische Gegenreformation brachte die Entstehung des Barocks mit sich, das vor allem in Rom und in Neapel zu bewundern ist. In den folgenden Jahrhunderten kämpften die europäischen Großmächte um die Vormachtstellung auf dem Stiefel. Dies endete 1861 mit der Bildung des italienischen Nationalstaats.

Dieser reichen, wechselvollen Geschichte sind die Unmengen an

Kunstschätzen und Kulturgütern auf italienischem Boden zu verdanken – welch gigantische Aufgabe, sie zu erhalten! Dabei hilft übrigens die Spielleidenschaft der Italiener: Ein erheblicher Prozentsatz der staatlichen Lotteriegewinne fließt in den Denkmalschutz. Längst haben sich in den Museen besucherfreundliche, längere Öffnungszeiten durchgesetzt (bei den in diesem Buch angegebenen Zeiten schließt die Kasse oft bereits eine Stunde vor Schluss). Die großen staatlichen Museen stehen zudem für EU-Bürger unter 18 und über 65 Jahren gratis offen, junge Leute zwischen 18 und 25 zahlen hier nur den halben Preis. Und viele Städte haben *cards* eingeführt, Sammeltickets, die vergünstigten Eintritt in Sehenswürdigkeiten und Museen gewähren und zum Teil auch die kostenlose Nutzung der öffentlichen Verkehrsmittel erlauben.

»Schön gelegene Bauernhöfe bieten Agriturismo an«

Doch Italien ist beileibe nicht nur hohe Kunst: Während sich einerseits die Gastronomie verflacht hat, kehren in letzter Zeit vermehrt junge, engagierte Köche mit viel Liebe zu regionalen Spezialitäten zurück. Umweltvereinigungen bemühen sich verstärkt um den Schutz der Natur, die Fremdenverkehrsämter halten Kartenmaterial zu den Naturschutzgebieten, zu Wanderwegen und Radtouren bereit. Schön gelegene Bauernhöfe bieten Ferienunterkünfte an, oft mit Pferden, Pool und Fahrrädern sowie Produkten vom eigenen Hof. *Agriturismo* nennt sich dieses ländlich-geruhsame Kontrastprogramm zur geballten Fülle der Sehenswürdigkeiten – und es erfreut sich wachsender Beliebtheit unter den Urlaubern.

Umbrien, das »grüne Herz« Italiens: eine Art Toskana für Eingeweihte

Amore und Familie, Heilige und Mafia

Notizen zu Kultur und Sprachen, zum Alltag und zur Politik

Amore

Längst hat der Latin Lover Glanz eingebüßt, und der kosmopolitischen Jugend an den italienischen Stränden ringt er allenfalls ein Grinsen ab. Dem italienischen Volk, dem die Amore als eine Spannung aus Schmachten und lebenspraller Erotik, aus Keuschheit und Draufgängertum galt, ist dieser Mythos nun im Zeitalter von Verhütungsmitteln, Aids und Pornokanälen längst abhanden gekommen. Vielleicht war die ganze Sache auch nur eine Wunschvorstellung, der die Italiener selbst und alle anderen liebend gern auf den Leim gegangen sind. Vor allem war es der italienische Mann, der diesem Mythos am überzeugtesten nachhing. Er schaut nun eher verdutzt, wie sich das Blatt gewendet hat: Heute sind es nämlich die lässigen, schicken Italienerinnen, die die Flagge der Amore hochhalten und den sommerlichen Strandflirts die Würze geben – Statistiken und Befragungen bestätigen das. Auch ist es ein italienisches Mädchen, dem seit Jahrhunderten die romantischen Liebesphantasien aus aller Welt gelten: die tragische Liebesheldin Julia, Romeos Geliebte aus Verona – heute auch im Internet zu erreichen: *www.julietclub.com.* Vielleicht liegt es ja an der italienischen Sprache, in der es sich so schön schmachten lässt: *Ti amo.* So sind auch die besten Troubadoure immer noch Italiener: der melancholische Paolo Conte für die Damen und der knackige Eros Ramazzotti (nomen est omen) für die Mädchen.

Die Familie, der Clan, das Stadtviertel: Das Leben vollzieht sich in Italien stets in der Gemeinschaft

Autos und Motorräder

Die schnelle Fortbewegung entspricht dem Temperament der Italiener, nur sie konnten ein so schnittiges Auto wie den feuerroten Ferrari erfinden. Motorradfans schwören auf die italienische Kultmarke Ducati und kleine Mädchen auf den unschlagbaren Rennfahrer Valentino Rossi. Und wie rasende Schwärme flitzen die Vespafahrer durch die engen Gassen der italienischen Städte. Trotz hoher Autobahngebühren und Verkehrschaos in den Städten macht den Italienern Autofahren immer noch Spaß, spritzig und wendig tun sie es, aber auch ungeduldig und aggressiv. Das schüchtert fremde Autofahrer zu-

Kultobjekt Ferrari – doch trotz schnittigem Design und klangvollen Namen: Auch in Italien ist das Auto nicht mehr unumstritten

nächst ein. Da heißt es hinein in den Strom und auf die Reaktionsschnelligkeit der anderen vertrauen. Der Spaß ist längst an seine Grenzen gestoßen, denn die italientypische Unfallstatistik – viel Blechschaden und wenig Verkehrstote – stimmt so nicht mehr. Und wenn im Winter noch Heizungsdünste und Nebelschwaden zu den Autoabgasen hinzukommen, machen die großen Städte immer öfter dicht, und der Verkehr wird an die Peripherie verbannt, auch das Touristenauto.

Bar

Die Bar öffnet in aller Herrgottsfrühe mit dem Duft frischer *cornetti* (Hörnchen) und *cappuccini*. Im Laufe des Tages schauen Hausfrauen, Schulkinder, Arbeiter, Angestellte, Passanten herein. Am Nachmittag planen die Jugendlichen hier ihr abendliches Vergnügungsprogramm, und die Alten spielen endlos Karten. Dann schlägt die Stunde des Aperitifs, und nach dem Abendessen kehren die Männer zum letzten Plausch zurück. Im Sommer stellen die Wirte die Stühle vor die Bar, und man beobachtet das Treiben auf der Piazza. Die Bar, mal nüchtern bis schäbig, mal kitschig aufgemotzt, doch heute immer häufiger richtig schick, ist das zweite Zuhause der Italiener und auch jedem Fremden ganz unverbindlich zugänglich.

Campanilismo

Campanile heißt Kirchturm, und *campanilismo* lässt sich demnach mit Kirchturmspolitik übersetzen: »L'Italia dei mille campanili« (Italien der 1000 Kirchtürme). Man erklärt den Mangel an gesamtgesellschaftlichem Bürgersinn, diese Beschränkung auf die Interessen des eigenen Dorfes oder Stadtviertels und auf die Familie, den Clan, zu dem man gehört, als Erbe der italienischen Geschichte, die von der Zersplitterung des Territoriums in zahlreiche Machtzentren geprägt war. Oder auch als Strategie der Abschottung gegen die zahlreichen wechselnden Fremdherrschaften. Im Nachkriegsitalien wurde dem *campanilismo* ein wenig der Wind aus den Segeln genommen. Die moderne Demokratie, nationale Interessenverbände wie Gewerkschaften und Parteien, die zunehmende Verstädterung und der wachsende Wohlstand der Italiener trugen dazu bei. Ganz unverblümt kommt der *campanilismo* noch als Rivalität zwischen Fußballmannschaften und ihren Fans zum Ausdruck. Nun ist das Italien der »mille campanili« jedoch wieder erwacht. Man nennt das nationale Entsolidarisierung, was als Folge der Parteien- und Politikverdrossenheit angesichts eines bürgerfernen Staates verstanden wird, aber auch als eine Reaktion auf die Angst, den Besitzstand nicht halten zu können. Ein Problem vor allem Norditaliens angesichts des immer noch starken Nord-Süd-Gefälles. Dagegen ist die positive und genussvolle Variante des *campanilismo* – zumal in Zeiten europäischer und weltweiter Standardisierung – die verstärkte Hinwendung zu lokalen Spezialitäten und Festtraditionen.

Familie

Es gibt sie noch, die italienische Familie. Sie lebt aber nicht mehr als großer patriarchalischer Generationenbund unter einem Dach, sondern hat sich in Single- und Kleinfamilienhaushalte aufgelöst. Hinzu kommt der im einstmals so kinderfreundlichen Italien verblüffende Geburtenrückgang, mit 1,2 Kindern pro Familie ein europäischer Minusrekord. Die Familie existiert aber nach wie vor als Verbund gegenseitiger Hilfe, zum Ausgleich der mangelhaften Strukturen des Staates bei Arbeitslosigkeit (um zehn Prozent), Arbeitsbeschaffung und Wohnungsnot, bei der Altenbetreuung und fehlenden Kindergartenplätzen. Selbst die besten Freunde sucht man sich vorsichtshalber oft in der Verwandtschaft, hier findet man auch Handwerker, den Arzt, den Anwalt und einen günstigen Pelzmantel. Das mag zum Teil erklären, warum viele Italiener bei den hohen Preisen und oft niedrigen Löhnen über ihre Verhältnisse leben können.

Giotto

Unter den vielen Künstlergenies, die Italien hervorgebracht hat, gebührt dem Maler und Baumeister Giotto di Bondone (1266–1337), Sohn eines Bauern aus einem Dorf bei Florenz, ein besonderer Platz. In der Zeit mächtiger Städte wie im Florenz des 13./14. Jhs. entwickelte Giotto einen neuen Malstil, fern vom Schematischen der byzantinischen Kunst des Mittelalters: Perspektive, farbliche Nuancierung, Bewegung, menschliche Charakterisierung – kurz: Realismus. Seine Malerei wird damit zum Ausgangspunkt für die Entwicklung einer typisch italienischen Maltradition, die aus dem »internationalen« Mittelalter herausführt. In den Uffizien in Florenz kann man sehr schön dieses Neue sehen, beim Vergleich der »Maestà« des Giotto mit der des Cimabue, des Lehrers Giottos und noch eine Generation älter. Hauptwerke Giottos sind die Fresken in der Cappella degli Scrovegni in Padua und die Fresken zum Leben des heiligen Franziskus in der Oberkirche von Assisi.

Heilige

Italien ist zu über 90 Prozent römisch-katholisch. Und mitten in seiner Hauptstadt lebt der Papst, oberster Hirte der Katholiken, in seinem Kleinstaat, dem Vatikan. Vor allem im Süden nehmen die Priester nach wie vor erheblichen Einfluss auf Politik und Wahlen. Derweil hält man sich im Volk an die Heerschar der unzähligen Heiligen in der Hoffnung auf ihren Beistand im Lebenskampf. Etwas ganz Besonderes ist Neapels Stadtheiliger San Gennaro: Im Mai und im September treffen sich die Gläubigen in seiner Kirche und beten so lange, bis sich sein Blut verflüssigt. Und Zulauf von Millionen Verehrern erhält der kürzlich heilig gesprochene Wunderheiler Padre Pio (1887 bis 1968) in seinem Wallfahrtsort San Giovanni Rotondo in Apulien.

Mafia

Die traditionelle, eher mit Süditalien identifizierte Mafia hat neben ihrer Territorialkontrolle längst moderne, »globale« Züge angenommen. In den letzten zwanzig Jahren ist das Problem in Italien ernsthaft angegangen worden, etwa mit Fahndungserfolgen bei einst »unberührbaren« Bossen. Dennoch: Nicht umsonst wird die Mafia auch *piovra,* Krake, genannt, der ständig neue Fangarme nachwachsen.

Reisezeit

Fahren Sie nicht im August nach Italien! Da sind die Ferienorte hoffnungslos überfüllt. Die Preise klettern in schwindelnde Höhen, und oft besteht Halbpensionszwang. Während im Sommer die Städte und Museen leer sind, bersten sie zu Ostern und an langen Wochenenden. Gute Reisezeiten sind Mai/Juni und September/Oktober, allerdings schließen viele Ferienhotels schon Ende September. Eine Schönwettergarantie gibt es schon lange nicht mehr, Mitte August kommen die ersten heftigen Gewitter, und selbst im Sommer kann es sich manchmal ungemütlich einregnen. Wer Venedig erträglich leer und bezahlbar erleben möchte, sollte im November oder Januar fahren. Die Wintersaison schließt Ostern ein, die Höhenlagen der italienischen Alpen und Schneekanonen garantieren weiße Pisten.

Sprachen

Italien ist ein Land der Sprachenvielfalt. Zum Italienischen und dessen Dialekten kommen zehn weitere eigenständige Sprachen: im Friaul und in den Dolomitentälern Ladinisch, Deutsch in Südtirol und im Trentino. In einigen Dörfern in Sizilien und Süditalien wird Albanisch gesprochen, Erbe albanischer Siedler aus dem 14. Jh. In Apulien und Kalabrien haben sich in einigen Dörfern griechische Sprachreste erhalten. In den Grenzprovinzen von Triest, Görz und Udine spricht man Slowenisch, Serbokroatisch im süditalienischen Molise. In Alghero auf Sardinien hat Katalanisch überlebt wie auch das Frankoprovenzalische in den nordwestlichen Regionen Aostatal und Piemont. Französisch

Vom Marktstand bis zum Multi: Viele Wirtschaftsbetriebe sind in Familienhand

ist Amtssprache im Aostatal. Und kein Dialekt, sondern eine eigene Sprache ist das Sardische. Der heute noch hoch verehrte und viel zitierte Nationaldichter Dante Alighieri aus Florenz (1265–1321) legte mit seiner »Göttlichen Komödie« in 15 000 Versen die Grundlage für das Hochitalienische. Im 20. Jh. haben Schule und Fernsehen dafür gesorgt, dass sich die vielsprachigen Italiener untereinander verstehen.

Wirtschaft

In den letzten 50 Jahren hat sich Italien von einem bäuerlichen Agrarland zu einer hoch entwickelten Industrienation gewandelt. Jedem Besucher fällt der hohe Lebensstandard auf. Im Dienstleistungsbereich dominiert natürlich der Tourismus. Wichtige Industriezweige sind Maschinenbau, Nahrungsmittel-, chemische und Metall verarbeitende Industrie, aber auch traditionelle Bereiche wie Textil- und Schuhindustrie. Diese profitieren von den Impulsen der weltweit renommierten italienischen Modedesigner, aber auch von einer bislang erfolgreichen Struktur der italienischen Wirtschaft: hoch spezialisierte Klein- und Mittelbetriebe, oft in Familienhand. Sie residieren hauptsächlich in Nord- und Mittelitalien und sind als flexible Zulieferer wichtige Stützpfeiler der wenigen Großbetriebe, auch diese oft in Familienhand, siehe Benetton, Barilla und Fiat. Doch es kriselt: Produktionsverlagerung in Billiglohnländer, skandalöse Machenschaften bei Megafirmenpleiten wie Cirio und Parmalat sowie das Fehlen eines starken Finanzmarktes. Auch hinkt der Süden trotz vereinzelter Erfolge immer noch stark hinterher. Ein großes Problem des Fiskus ist die verbreitete Schattenwirtschaft, die Schwarzarbeit.

Pasta in allen Formen

Geniales Fundament der Küche sind die Teigwaren – und jede Region liefert dazu den richtigen Wein

Die italienische Küche ist wie kaum eine andere über ihre Landesgrenzen hinaus beliebt. Die Kinder der abendländischen Welt wachsen mit Spaghetti und Ravioli auf, und weltweit ist die Pizza zum einzigen ernst zu nehmenden Konkurrenten des Hamburgers geworden. Beim Anblick der *salumerie,* der Käseläden und Lebensmittelmärkte läuft einem das Wasser im Mund zusammen.

Das geniale Fundament der italienischen Küche aber ist die Pasta, die Nudel aus Wasser und Hartweizenmehl, die mit Gemüse, Muscheln, Fleisch und vor allem Tomaten angemacht wird. Auf rund 250 verschiedene Pastaformen hat es die Phantasie der Italiener gebracht, allen voran die *spaghetti,* »Teigschnürchen« in zahllosen Stärken. In Süditalien herrschen die *maccheroni* vor, breit oder schmal, glatt oder gerippt, auch *tubetti, rigatoni* oder *penne* genannt. Dann gibt es die eher norditalienischen Bandnudeln, *tagliatelle, fettuccine* oder *pappardelle,* schließlich Teigtaschen in vielen Formen und mit verschiedenen Füllungen, *ravioli, agnolotti, cappelletti, tortellini, tortelloni, cappellacci.* Zu vielen Nudelgerichten gehört geriebener Käse, *parmigiano* (Kuh, vornehmlich im Norden) oder *pecorino* (Schaf, eher in Mittel- und Süditalien).

Ein Plätzchen zum Draußenessen findet sich in Italien (fast) überall

Ein Menü beginnt mit *antipasti,* den Vorspeisen wie Salami, Schinken, eingelegten Zwiebeln, Auberginen, Artischocken, Meeresfrüchten; dem folgt das *primo* (erster Gang), ein Nudelgericht, eine Suppe oder Risotto; das *secondo* (Hauptgang) ist Fleisch, geschmort, gegrillt, oder Fisch, auch oft nur gegrillt, und dazu Gemüse nach Wahl *(contorno).* Den Abschluss bilden cremige Süßspeisen wie *zabaione* oder *zuppa inglese* sowie Gebäck, das man in süße Likörweine tunkt.

Ristorante, trattoria, osteria, locanda – Kategorien, an die man sich heute nicht mehr halten kann. Eher hilft ein Blick auf Ambiente und Speisekarte und auf die anwesenden Gäste (sind es Italiener?). Die einst klassische Weinkneipe *osteria* nennt sich nun *enoteca* oder *wine bar:* Edle Tropfen im *calice* (Kelch) zu 2,50 bis 10 Euro das Glas, dazu Käse- und Wurstspezialitäten.

Italienische Spezialitäten

Lassen Sie sich diese Köstlichkeiten gut schmecken!

agnello – Lamm im Ofen *(al forno)* oder als Kotelett vom Grill *(alla griglia)* isst man vor allem ab Latium südwärts, gern mit Artischockengemüse *(carciofi)*

arrosto di maiale oder di cinghiale – Schweinebraten isst man in ganz Italien gerne, in Mittelitalien bekommt man auch Wildschwein

bollito misto – verschiedene Stücke gekochten Fleischs: Rind, Zunge, Huhn, Kochwurst, dazu gibts grüne Kräutersauce *(salsa verde)* oder Senffrüchte *(mostarda)*

brasato – in Rotwein geschmorter Rinderbraten, typisch für Norditalien, dazu gibt es den Maisgrießbrei Polenta

cannoli – ursprünglich aus Sizilien, bekommt man aber in allen italienischen Konditoreien: mit gesüßtem Ricottaquark und kandierten Früchten gefüllte Teigrollen

coniglio – Kaninchenbraten bekommt man fast überall, in BSE-Zeiten eine beliebte Alternative

fritto misto – panierte, frittierte Fische, Tintenfischringe, Krebsschwänze

gnocchi – ganz kleine Klößchen aus Kartoffelmehl, wie Pasta als *primo* mit einem *sugo* serviert

insalata caprese – der klassische Sommerimbiss: Tomaten, Mozzarella (möglichst aus Büffelmilch) und Basilikum

insalata di frutti di mare – mit Zitrone, Olivenöl, Knoblauch und Petersilie angemachte Meeresfrüchte wie klein geschnittene Tintenfische, Kraken, Muscheln

lasagne – geschichteter Auflauf aus Pasta, Hackfleisch, Tomaten und Béchamelsauce

ossobuco – Beinscheiben von Kalb oder Rind in Tomatensauce weich geschmort

pesce alla griglia – frischer Fisch vom Grill: Goldbrasse *(dorata)*, Zahnbrasse *(dentice)*, Seebarsch *(spigola)*, Barben *(triglie)*, Scholle *(sogliola)*, Sardinen und Makrelen *(pesce azzurro)*

(alla) pizzaiola – in Tomatensud gedünstet, typisch für den Süden

spaghetti alle vongole oder allo scoglio – Spaghetti mit Venusmuscheln oder mit Meeresfrüchten

zabaione – duftige, süße Weinschaumcreme, ursprünglich aus Piemont

Zur Rechnung gehört das *coperto,* der Preis für Brot und Gedeck (zwischen 1 und 5 Euro), der stets auf der Speisekarte ausgezeichnet ist. Der Service, sofern nicht ausdrücklich als *non compreso* ausgeschrieben, ist im Preis inbegriffen. Die Restaurantküchen öffnen meist zwischen 12.30 und 14 Uhr und zwischen 19.30 und 22 Uhr. Pizzerien heizen meist bis Mitternacht ihre Öfen. Wen tagsüber der Hunger überfällt, der kann in einer Bar *panini* (belegte Brötchen), *tramezzini* (Toastsandwiches) und süße Teigstückchen bekommen.

Italien ist ein Weinland, neben internationalen Reben werden überall gebietstypische Rebsorten angebaut, selbst im alpinen Aostatal: Hier keltert man trockene Weiße wie *Morgex* und *La Salle* sowie gute Rote wie *Chambave* und *Donnaz.* Die besten Rotweine Italiens kommen aus dem Piemont: *Barolo, Barbaresco, Dolcetto, Nebbiolo, Barbera,* um nur die berühmtesten zu nennen. Auf den Terrassenhängen Liguriens gedeihen vorwiegend frische Weißweine.

Vorzügliche lombardische Weine kommen aus dem *Oltrepò,* der *Franciacorta* und der *Valtellina.* Die Emilia-Romagna produziert mehr Wein als jede andere Region Italiens: *Sangiovese* und den moussierenden *Lambrusco,* der in Tausenden von Hektolitern nach Amerika und China geht. Tatsächlich ist er als DOC-Wein besser als sein Ruf.

In Südtirol und im Trentino überraschen der *Gewürztraminer, Lagrein* und der rote *Teroldego rotaliano.* Im Friaul gedeihen hervorragende Weißweine aus *Riesling-, Pinot-, Verduzzoreben* sowie der *Tocai.* Die Veneter sind die größten Weintrinker Italiens. Berühmt sind der Weiße aus *Custoza, Pinot grigio* und *bianco, Soave,* der rote *Valpolicella* und der Schaumwein *Prosecco,* besonders gut aus der Gegend um Conegliano und Valdobbiadene.

In der Toskana liegt das berühmte Weinbaugebiet *Chianti;* der edle *Brunello* wächst bei Montalcino. Toskanische Weiße sind der *Bianco di Pitigliano* und der *Vernaccia di San Gimignano.* Unter den Weinen Umbriens verdient vor allem der weiße *Torgiano* Beachtung. Als Begleiter zu Fischgerichten eignet sich der *Verdicchio* aus Jesi und Macerata in den Marken.

In den Osterien und Trattorien im Latium trinkt man den weißen *Frascati,* die Weine der *Castelli Romani* und den *Est! Est!! Est!!!* Aus den Abruzzen kommen der rote *Montepulciano d'Abruzzo* und der weiße *Trebbiano d'Abruzzo,* im Molise keltert man *Biferno* und *Pentro.*

Die Apulier sind zu Recht stolz auf ihre Roséweine. Der leicht moussierende rote *Aglianico* der Basilikata stammt noch von Reben ab, die die Griechen 400 v. Chr. in Süditalien anpflanzten. Der weiße *Greco di Tufo* wuchs schon in Pompeji; an den Lavahängen des Vesuvs nennt er sich *Lacryma Christi.* Kalabrien zeichnen kräftige Rotweine und hervorragende Dessertweine aus wie der *Moscato di Saracena.*

Als Aperitif trinkt man Campari, Prosecco, Fruchtcocktails oder den alkoholfreien Crodino, als Digestif einen Grappa, den man auch in den Espresso kippen kann – das ist dann ein *caffè corretto.* Mineralwasser trinkt man *gassata* oder *naturale,* also mit oder ohne Kohlensäure, und zum Abschluss den geliebten Espresso.

TELEFONO
VOLATE
SAS
F. Bellini
British airways
London House
DC-10
VARIG
F. Bellini
SCUOLA
INTERPRETI
S.P.Q.R.

Kulinarisches, Mode und Kunsthandwerk

In Werkstätten, auf Märkten und in eleganten Geschäften zeigt sich der Geschmack der Italiener

Kulinarische Leckerbissen sind das ideale Mitbringsel von einer Italienreise, z. B. ein paar Flaschen duftendes kalt gepresstes Olivenöl *(olio d'oliva extravergine)*. Oder Wein, den es von den Alpen bis zur Stiefelspitze gibt. Sie können ihn in Weinhandlungen, direkt beim Winzer oder im örtlichen Supermarkt erstehen. Dazu passen luftgetrocknete Salami, eingelegte Wildschweinwürste, ein dickes Stück Parmigiano-Reggiano, das man sich für die Reise luftdicht einschweißen lässt, getrocknete Tomaten und Steinpilze, Edelschinken wie der *culatello,* Balsamessig, Grappa …

Praktisch jede Ortschaft hat ihren Markt – dort finden Sie die *moka* zum Espressokochen, den Milchschäumer für den Cappuccino, die Käsereibe, den Trüffelhobel, den Mörser aus Marmor oder Olivenholz, das Essig-Öl-Set – alles Dinge, die längst auch zu Hause zu haben sind, aber in Italien gekauft, bekommen sie das Flair des Handfest-Typischen.

Apropos typisch: Bestimmt ist es auch dem Tourismus zu verdanken, dass die vielfältigen lokalen Handwerkstraditionen nicht ausgestorben sind. Da gibt es etwa die Holzschnitzarbeiten im Südtiroler Grödnertal oder auf den Handwerksmärkten im Aostatal. Weltberühmt ist das mundgeblasene Glas von Murano. In Venedig floriert das Geschäft mit handgemachten Masken (aufgepasst, viele sind aus Taiwan und China!), aber auch mit marmoriertem Papier. Letzteres gibts übrigens auch in Florenz. Und in Fabriano in den Marken und in Amalfi bei Neapel gibt es edles handgeschöpftes Papier. Für die schönsten Terrakottakübel fährt man nach Impruneta im Chianti, rustikale mediterrane Keramik findet man z. B. an der Amalfiküste in Vietri oder in Apulien in Grottaglie.

Schließlich die Mode: Das beginnt bei den weltberühmten Modenamen und endet bei schicken Schuhen und Ledertaschen. Achten Sie auf Schlussverkäufe *(saldi),* auf die Fabrikverkaufsgeschäfte der Hersteller *(spaccio)* sowie auf große Outletcenter, gut ausgeschildert in Autobahnnähe – auf Deutsch gibts den Schnäppchenführer »Fabrikverkauf Norditalien«, auf Italienisch den immer aktuellen »Lo Scoprioccasioni« für ganz Italien. Insider Tipp

Urzelle heutiger Passagen: Mailands Galerie Vittorio Emanuele – eine Kathedrale des Konsums

Feste, Events und mehr

Karnevalsumzüge, mittelalterliche Turniere und Musikfestivals

Offizielle Feiertage

1. Januar *(Capodanno)*; **6. Januar** *(Epifania)*; **Ostersonntag und -montag** *(Pasqua* und *Pasquetta)*; **25. April** *Tag der Befreiung vom Faschismus (Liberazione)*; **1. Mai** *(Festa del Lavoro)*; **2. Juni** *Ausrufung der Republik 1946 (Proclamazione della Repubblica)*; **15. August** *Mariä Himmelfahrt (Ferragosto)*; **1. November** *(Ognissanti)*; **8. Dezember** *(Immacolata Concezione)*; **25. Dezember** *(Natale)*; **26. Dezember** *(Santo Stefano)*

Fronleichnam: Blumenteppiche

Festivals und Volksfeste

Februar/März

In Italien wird *Karneval* auf vielerlei Art gefeiert: im piemontesischen Ivrea mit einer orgiastischen Insider Tipp Apfelsinenschlacht, in Venedig mit spektakulären Maskeraden, im toskanischen Viareggio mit einem polit-satirischen Wagenumzug.

März/April

Ostern ist im katholischen Italien die Zeit ergreifender Prozessionen: Besonders eindrucksvoll ist der nächtliche Zug der Büßer, der *penitenti*, im apulischen Tarent oder die Wiederauferstehung Christi Insider Tipp in Sulmona (Abruzzen): La Madonna che Scappa in Piazza.

15. Mai

★ *Corsa dei Ceri in Gubbio:* Große Votivgestelle werden im Laufschritt auf den Berg Ingino getragen, ein spektakuläres Fest.

Mai–Mitte Juni

Maggio Musicale Fiorentino: internationale Musikfestwochen in Florenz *(www.maggiofiorentino.com)*

Mai/Juni

Fronleichnam: In Spello (Umbrien), Bolsena und Genzano bei Rom verwandeln sich die Straßen in bunte Blumenteppiche. Kinder, Hirten und Schafe bilden die hinreißende Prozession *13 Misteri di Corpus Domini* in Campobasso (Molise).

Juni–September

Insider Tipp *Arte Sella:* Einweihung neuer Werke faszinierender Naturkunst in der Trentiner Tal Valsugana, besuchenswert zu jeder Jahreszeit. *www.artesella.it*

Mitte Juni

Jamming Heineken Festival in Imola mit internationalen Rock- und Popgrößen. *www.heineken.com*

Neapolis Festival, Süditaliens wichtigstes Rock-Pop-Festival in Neapel. *www.neapolis.it*

Ende Juni–Mitte Juli

Festival dei Due Mondi in Spoleto mit interessanten Theater-, Tanz- und Musikevents.

Anfang Juli–Ende August

Die weltberühmten *Opernfestspiele* in der römischen Arena von Verona.

2. Juli und 16. August

Palio di Siena: Italiens berühmtestes Pferderennen auf der schönen Piazza.

Mitte Juli

Pescara Jazz, unter den zahlreichen Jazzfestivals während des italienischen Sommers eines der besten. *www.pescarajazz.com*

★ *Arezzo Wave:* Fünf Tage lang spielen die besten Gruppen neuer Rock-Pop-Trends auf, ein Festival der Spitzenklasse. *www.arezzowave.com*

August

Im August geht es in den Badeorten hoch her mit abendlichen Freilichtveranstaltungen, Schlemmerfesten und Kulturevents; Höhepunkt ist der 15. August, *Ferragosto,* mit Feuerwerken und Festen.

3. September

Trasporto della Macchina di Santa Rosa: Zu Ehren ihrer Schutzheiligen tragen 100 junge Männer einen 30 m hohen Turm durch die mittelalterlichen Straßen Viterbos.

September

Festa dell'Unità: Die einstigen Politfeste der Kommunistischen Partei sind noch heute beliebte Treffpunkte zum Essen, Musikhören, Diskutieren.

Zweites Oktoberwochenende

Barcolana im Golf von Triest, die beliebteste Segelregatta Italiens, bei der alle mitmachen können.

Palio di Siena: nicht unumstritten

Von den Alpen an die Riviera

Viertausender im Aostatal, das Feinschmeckerparadies Piemont und die exklusiven Badeorte Liguriens

Südlich der Alpen beginnt der Schaft des italienischen Stiefels, und wer nicht vom Meer aus das Land erreicht, der muss zwangsläufig über die Berge kommen. Die Alpenübergänge aus der Römerzeit, Alpis Poenia und Alpis Graia, sind heute die Pässe Kleiner und Großer St. Bernhard, die Italien mit Frankreich und der Schweiz verbinden. Berge bestimmen die drei Regionen des italienischen Nordwestens: Das Aostatal und die 100 km lange Talebene des Flusses Dora Baltea werden von Gebirgsmassiven umrahmt, die zum Großartigsten gehören, was die Alpen zu bieten haben: Im Norden sind es die Ostflanke des Mont Blanc (4810 m), der Monte Rosa (4634 m) und das Matterhorn (4478 m, ital. Cervino), wohingegen sich im Süden der Gran Paradiso (4061 m) auftürmt, ein Ski- und Wanderparadies. Die Kulisse Turins, Hauptstadt des anschließenden Piemont, bestimmen im Norden und Westen die Schneegipfel der piemontesischen Alpen, im Süden die Hügel des Apennins wie Monferrato, Roero und Langhe, den Feinschmeckern wohl

Eingeklemmt zwischen Meer und Berge: die Dörfer der Cinque Terre

Im milden Ligurien können Sie oft auch im Winter draußen sitzen

bekannt dank ihrer Pilze, Trüffeln und ausgezeichneten Rotweine. An der ligurischen Küste begünstigen die Seealpen im Nordwesten und der Apennin im Südosten das milde Klima der Riviera. Die Berge liefern die landschaftlich reizvolle Kulisse der ligurischen Badeorte und zwingen Genua, die große Hafenstadt, sich auf 35 km dicht an der Küste entlang auszudehnen.

Ausführlich berichten die MARCO POLO Bände »Ligurien« und »Piemont/Turin«.

AOSTA

[154 B2] Die Stadt Aosta (36 000 Ew.) wird auch das Rom der Alpen genannt. Das noch gut erhaltene

Burgen und Berge: sozusagen das Aostatal auf einen Blick

Stadttor Porta Praetoria, ein ebenfalls fast intakter Augustusbogen, vor allem aber die 22 m hohe Bühnenwand des römischen Theaters machen sich gut vor dem Hintergrund schneebedeckter Gipfel. Die hübsche Stadt ist logistischer und geografischer Mittelpunkt des Aostatals, der kleinsten italienischen Region, mit Autonomiestatut und offizieller Zweisprachigkeit (Italienisch und Französisch). Bergbau, Energieerzeugung (Wasser), Holzverarbeitung und der Sommer- wie Wintertourismus haben aus dem Aostatal eine der wohlhabendsten Gegenden Italiens gemacht.

SEHENSWERTES

Aosta hat noch mehr als die römischen Reste zu bieten: den Klosterkomplex *Santi Pietro e Orso (tgl. 9 bis19 Uhr)* mit der spätgotischen Kollegiatskirche romanischen Ursprungs und Krypta aus karolingischer Zeit. An der Südseite, zwischen Kirche und terrakottageschmücktem Priorhaus, liegt der wunderbare ★ Kreuzgang (1133), den 40 romanische Marmorsäulen mit feiner Steinmetzarbeit an den Kapitellen säumen. Zwei weitere Kirchen, die *Kathedrale* und die *Basilika San Lorenzo,* sind auf Resten frühchristlicher Sakralbauten entstanden.

ESSEN & TRINKEN

Osteria dell'Oca
Freundlich und jung geführtes Lokal in einem Innenhof in der gemütlichen Altstadt mit einfallsreicher, auf Gans spezialisierter Küche. *Mo geschl., Via Aubert 15 a, Tel. 01 65 23 14 19,* €–€€

Vecchia Aosta
Bei Einheimischen und Reisenden beliebtes, gepflegtes Lokal im Turm des römischen Stadttors; auch Fischgerichte. *Mi geschl., Piazza Porte Pretoriane 4, Tel. 01 65 36 11 86,* €€

EINKAUFEN

Ein originelles Mitbringsel ist die *grolla,* ein Holzgefäß mit mehreren

Tüllen, aus dem man in geselliger Runde ein heißes Gebräu aus Kaffee, Rotwein, Schnaps, Zucker, Zitrone und Kräutern trinkt. Am 30./31. Januar und Mitte August findet die *Sagra di Sant'Orso* statt, der älteste Handwerkermarkt Italiens. Die handwerklichen Erzeugnisse des Tals, darunter wunderschöne Dinge aus Holz, gibt es das ganze Jahr über bei *IVAT im Rathaus (Piazza Chanoux 1)*.

ÜBERNACHTEN

Cecchin du Pont Roman
Beim Augustusbogen. Schlicht und geschmackvoll, mit Trattoria *(So geschl.). 10 Zi., Via Ponte Romano 27, Tel. 016 54 52 62, Fax 016 53 17 36, €*

Milleluci
Schön gelegen, etwas außerhalb im Ortsteil Porossan Roppoz. *31 Zi., Tel. 01 65 23 52 78, Fax 01 65 23 52 84, www.hotelmilleluci.com, €€–€€€*

AUSKUNFT

Piazza Chanoux 8, Tel. 01 65 23 66 27, Fax 016 53 46 57, www.regione.vda.it

ZIELE IN DER UMGEBUNG

Breuil-Cervinia **[154 C2]**
Das eindrucksvolle Matterhorn (4478 m) mag den besonderen Ruf dieses international bekannten Skigebiets der Aostaregion im Talschluss der Valtournenche mitbegründen. Berühmt für seine einmalige Aussicht ist der *Furggenkamm (Plateau Rosà)*, den man mit einer Seilbahn das ganze Jahr über erreichen kann. Im Ortsteil Cret Perrères befindet sich das gemütliche, in einem großen Chalet untergebrachte Hotel *Les Neiges D'Antan (28 Zi., Tel. 01 66 94 87 75, Fax 01 66 94 88 52, www.lesneigesdantan.it, €€–€€€)* mit Blick aufs Matterhorn, ausgezeichnetem Frühstück und gutem Restaurant.

MARCO POLO Highlights »Der Nordwesten«

★ **Altstadt**
In Genua ein faszinierender Mix aus dunklen Gassen und prachtvollen Palazzi (Seite 33)

★ **Cinque Terre**
Fünf malerische ligurische Felsendörfer ohne Autos (Seite 37)

★ **Mont-Blanc-Überquerung**
Mit der Schwebebahn über die atemraubende Gletscherwelt (Seite 32)

★ **Kreuzgang**
Feine Steinmetzkunst an 40 Kapitellen im Kloster Santi Pietro e Orso in Aosta (Seite 30)

★ **Barocke Wallfahrtsstätten im Piemont**
Bunte Figurenreigen in barocken Kapellen (Seite 43)

★ **Walserhäuser**
Alte Bergbauernarchitektur im Gressoneytal (Seite 33)

Burgen und Schlösser **[154 C2]**
Über 130 gibt es im Aostatal. Die wichtigsten sind das klotzige Schloss von *Verrès* aus dem 14. Jh. hoch auf steilem Felsen und das Schloss von *Issogne* mit reicher Innenausstattung, ausgemaltem Renaissancehof und dem berühmten Brunnen mit geschmiedetem Granatapfelbaum. Das gewaltige Schloss *Fénis* ist mit seinen Türmen und Verliesen der Inbegriff mittelalterlichen Ritterlebens. Alle drei Schlösser: *März–Sept. tgl. 9–19.30 Uhr, Okt.–Feb. 10–12 und 13.30–16.30 Uhr, im Winter Fénis Di, Issogne Mi, Verrès Do geschl.*

Courmayeur **[154 B2]**
Am Fuß des Mont Blanc gelegen, wurde der Ort schon im 19. Jh. als Sommerfrische besucht, schöne alte Chalets zeugen davon. Heute bildet Courmayeur zusammen mit Chamonix auf der französischen Seite des Bergmassivs eines der anspruchsvollsten Skigebiete der Alpen. Beide Orte verbindet der aufwändige Mont-Blanc-Tunnel sowie der kühne Bau einer ganzen Serie von Kabinenbahnen: die berühmte ★ Mont-Blanc-Überquerung (Talstation in La Palud, 3,5 km von Courmayeur, *www.montebianco.com*). Anderthalb Stunden schwebt man über die atemraubende, stille weiße Gipfel- und Gletscherlandschaft. Die exklusive Atmosphäre Courmayeurs erlebt man im elegant-behaglichen Chalethotel *L'Auberge de la Maison (33 Zi., Via Passerin d'Entrèves 16, Tel. 01 65 86 98 11, Fax 01 65 86 97 59, www.aubergemaison.it, €€€)* mit feinem Restaurant, eine einfachere Alternative ist das zentral gelegene, gemütliche Garnihotel *Meublé Berthod (255 Zi., Via Mario Puchoz 11, Tel. 01 65 84 28 35, Fax 01 65 84 22 86, www.hotelberthod.com, €–€€).*

Noch näher an diese grandiose Bergwelt führen die Seitentäler Val Veny und Val Ferret (mit Golfplatz) heran, in Letzterem ein Hoteltipp im Dorf *Arnouva:* das nur im Sommer geöffnete *Chalet Val Ferret (7 Zi., Tel./Fax 01 65 84 49 59, www.chaletvalferret.com, €€)* mit Restaurant in einer ehemaligen Alm – ideal für Wanderungen und Mountainbiketouren.

Südwestlich von Courmayeur hat sich um *La Thuile* in den letzten Jahren ein weiteres anspruchsvolles Skigebiet entwickelt. Attraktionen auf dem Weg zum Kleinen St.-Bernhard-Pass sind die *Wasserfälle am Rutor* und der *Kromlech* am Colle Piccolo San Bernardo, ein Halbrund aus 46 Steinen, vermutlich eine Kultstätte aus der Bronzezeit.

Gran-Paradiso-Nationalpark **[154 B–C 2–3]**
Auf Höhe der Baumgrenze zeigen sich früh am Morgen und am Abend die Steinböcke. Strenge Auflagen in diesem riesigen Naturpark im Süden von Aosta halten die Zerstörungen in Grenzen und lassen Besucher eine noch relativ unberührte Bergwelt erleben – ein Paradies für Wanderer im Sommer und Skilangläufer im Winter. Im attraktiven Hauptort *Cogne* mit zauberhaften Hotels hat sich die Kunst des Spitzenklöppelns erhalten. Ein idyllisches kleines Berghotel beim Ortsteil *Valnontey* ist *Le petit Dahu* Insider-Tipp *(8 Zi., Tel. 016 57 41 46, Fax 01 65 74 95 64, www.hotelpetitdahu.com, €–€€)* mit besonders sorgfältiger Küche.

Gressoneytal [154 C2]

Das landschaftlich abwechslungsreiche Tal führt an das Monte-Rosa-Massiv heran, ein im Sommer recht brutaler Talschluss mit riesigen Parkplätzen, kantigen Talstationen und kahlen Pistenschneisen. Von jenseits des Monte Rosa kam vor 750 Jahren aus dem Schweizer Wallis eine Gruppe von Einwanderern herüber, die sich hier und in einigen benachbarten Talschaften im Piemont niederließen und die heute noch erkennbar sind: an ihrer Sprache, dem Walserdeutsch, an ihren Trachten, einigen Straßen- und Ortsnamen, ihren Kulturzentren und Ausstellungen. In *Alagna Valsesia* im Piemont gibt es ein *Museum zur Walserkultur.* In den Talschlüssen der Valsesia, der Val di Gressoney und der Valle Anzasca stößt man auf die alten, etwas düsteren ★ Walserhäuser: Sie sind hoch gebaut, die ersten Geschosse aus Steinquadern, weiter oben in dunkel verwittertem Holz, entlang der Häuserwände bis unter die Giebel Lattengerüste, auf denen einst das Heu getrocknet wurde. In *Gressoney-Saint-Jean* wurde aus so einem alten Walserhaus das kleine, sympathische Komforthotel *La Gran Baita (12 Zi., Strada Castello Savoia 26, Tel./Fax 01 25 35 64 41, www.hotelgranbaita.it, €€).*

Pont Saint-Martin [154 C2]

Die hervorragend erhaltene römische Brücke (100 v. Chr.) schwingt sich kühn in einem hohen Bogen über den Bergbach Lys.

Genua (Genova)

[155 D5–6] Als (möglicher) Sohn dieser Stadt entdeckte Cristoforo Colombo 1492 Amerika, doch mit dieser »Eroberung« begann Genuas Niedergang: *La Superba*, die Stolze, verlor als Weltseemacht die zentrale Handelsrolle im Mittelmeerraum an nordwesteuropäische Häfen. 1992, 500 Jahre nach der Entdeckung, musste Kolumbus herhalten, um Genua (700 000 Ew.), gebeutelt durch nachlassende Hafentätigkeit und die Krise der Schwerindustrie, wieder zum Leben zu erwecken. Der alte Hafen wurde neu belebt, viele Paläste und das im Zweiten Weltkrieg zerstörte Theater Carlo Felice wurden restauriert.

Piazza Principe: Genuas Hauptbahnhof

Für Genuas Rolle als europäische Kulturhauptstadt 2004 hat man mit der Instandsetzung der großen, vielerorts ziemlich heruntergekommenen ★ Altstadt begonnen, der Bummel durchs lebendige Gassengewirr ist ebenso ein Muss wie der über die barocken Prachtstraßen *Via Garibaldi* und *Via Balbi* mit ih-

In Genuas Aquarium können Sie trockenen Fußes auf Tauchstation gehen

ren wunderbaren Palästen voller Kunstsammlungen – einst Wohnsitze der reichen Schiffsbauer, Kaufleute und Bankiers aus Genuas großer Zeit im 16. und 17. Jh. Zahlreiche neue Aperitifbars und Szenelokale haben sich in den Gemäuern der schönen Altstadtpalazzi angesiedelt. 42 von ihnen, *Palazzi dei Rolli* genannt, stehen seit 2006 unter Unescoschutz. Mit Zahnradbahnen und Aufzügen gelangt man in die oberen Stadtteile. Den vielleicht schönsten Blick auf die Stadt, den Hafen und das Meer hat man von der Dachterrasse des neuen Meeresmuseums im alten Hafengelände. Kurz: Genua ist heute eines der attraktivsten Reiseziele Italiens.

SEHENSWERTES

Cattedrale San Lorenzo

Über Jahrhunderte erstreckt sich die Baugeschichte dieses größten Sakralbaus Genuas: von frühchristlicher Zeit bis zur Renaissance; sehenswertes *Domschatzmuseum (Mo–Sa 9–12 und 15–18 Uhr). Piazza San Lorenzo*

Lanterna

Einer der ältesten Leuchttürme Europas (12. Jh.) steht 117 m hoch im Südwesten des alten Hafens und kann nach Voranmeldung bestiegen werden *(Tel. 01 02 46 53 46, Associazione Porta Soprana).*

Palazzo Ducale

Einst grandioser Dogensitz, heute städtischer Mittelpunkt mit Ausstellungen, Cafés, Buchhandlungen und der Touristeninformation an der *Piazza Matteotti.*

Piazza San Matteo

Im Mittelpunkt des Viertels von Genua, das die Kaufmannsfamilie Doria beherrschte, stehen viele Palazzi der Familie und die romanische, schwarzweiß gestreifte Kirche mit dem Grabmal des Andrea Doria.

Porto Antico

Das alte Hafengelände ist heute eine beliebte Bummelmeile mit Cafés, Schwimmbad, Skatepiste, Museen wie dem neuen Meeresmuseum *Galata Museo del Mare,* dem *Antarktismuseum* und dem berühmten *Aquarium* (s. Kapitel »Mit Kindern reisen«).

Santa Maria di Castello
Im ältesten Siedlungskern Genuas, einem Gewirr von Gassen und Treppen, steht die älteste Marienkultstätte der Stadt, ursprünglich aus dem 6. Jh. *Salita di Santa Maria di Castello*

MUSEEN

Musei di Strada Nuova
Ein neu geordneter Museumskomplex aus drei alten Palazzi voller Kunstschätze (Rubens, Dürer, Veronese, Van Dyck, Caravaggio und viele mehr), kostbarer Stoffe und Mobiliar: *Palazzo Bianco, Palazzo Rosso, Palazzo Doria Tursi* an der Prachtstraße Via Garibaldi. *Di–Fr 9 bis 19, Sa/So 10–19 Uhr*

Palazzo Reale
Die prachtvolle Ausstattung des Savoyerpalastes aus dem 17. Jh. bezeugt einstigen Luxus. Mit wunderschönen Hängegärten. *Di/Mi 9–13.30, Do–So 9–19 Uhr, Via Balbi 10*

ESSEN & TRINKEN

Insider Tipp **La Farinata dei Teatri**
Eine der letzten alten Imbissstuben, wo man den Kichererbsenfladen *farinata* und die typisch ligurischen Gemüsetorten bekommt. *Geöffnet Mo–Fr 8.30–20.30 Uhr, Piazza Marsala 5 r, kein Tel.,* €

Maxelà
Neues Lokal in altem Gemäuer mit erstklassigen Fleischgerichten. *So geschl., Vico Inferiore del Ferro 9–11, Tel. 01 02 47 42 09,* €–€€

Pandemonio
Ebenfalls ein neu eröffnetes Lokal, das mit einfallsreicher ligurischer Küche und frischem Fisch erfreut. *Tgl., Via Lomellini 20 r, Tel. 01 02 75 90 14,* €€

EINKAUFEN

Kramläden und Kunsthandwerk finden Sie in den Altstadtgassen, elegante Mode an der *Via XX Settembre, Via Roma, Via XXV Aprile.* Einen Besuch lohnt die üppige Markthalle des *Mercato Orientale* Insider Tipp *(Via XX Settembre).*

ÜBERNACHTEN

Galata
Ansprechendes Frühstückshotel mit Panoramaterrasse in Bahnhofsnähe. *19 Zi., Via Andrea Doria 4 a, Tel./Fax 010 26 15 17, antosaule@libero.it,* €

Hotel Metropoli
Geschmackvoll renoviert und günstig gelegen. *48 Zi., Piazza Fontane Marose/Via XXV Aprile, Tel. 01 02 46 88 88, Fax 01 02 46 86 86, www.bestwestern.it/metropoli_ge,* €€

www.columbusvillage.com
Website mit zahlreichen, oft sehr charmanten Bed-and-Breakfast-Angeboten im Zentrum Genuas. €–€€

AUSKUNFT

Porto Antico, Tel. 01 02 53 06 71, Fax 01 02 46 76 58, www.apt.genova.it, und im Bahnhof *Stazione Principe.* Die *Card Musei di Genova* lohnt sich für eifrige Museumsgänger. Eine gute Website: *www.mentelocale.it*

RIVIERA DI LEVANTE

[155 D–E5] Die Ostküste Liguriens zwischen Genua und der Toskana ist felsig und oft steil, malerische Orte drängen sich auf wenig Platz, was den Küstenstreifen noch attraktiver macht.

Camogli **[155 D5]**

Vor schroffen Felswänden recken sich die hohen, warmgelben Häuser, einige mit den für Ligurien typischen Trompe-l'Œil-Fenstern, dazwischen Treppengassen. Das hübsche Küstenstädtchen (6000 Ew.) verfügte noch bis ins 19. Jh. über die größte Handelsflotte Italiens. Erinnerungen an diese Zeit im *Museo Marinaro (Mo, Do, Fr 9–12, Mi, Sa, So 9–12 und 15–18 Uhr, Via B. Ferrari 41)*. Mit dem Boot (oder zu Fuß von San Rocco oberhalb Camoglis) gelangt man stündlich an die Landzungenspitze *Punta Chiappa* mit schönem Badestrand und der Kulttrattoria *Spadin (Mo und Okt. bis Ostern geschl., Via San Nicolò 55, Tel. 01 85 77 06 24, €€–€€€)* mit exzellenten Fischgerichten sowie zur traumhaft gelegenen Klosteranlage *San Fruttuoso* direkt am Meer. Elegant und teuer wohnt man in der einstigen Dogenresidenz *Cenobio dei Dogi (107 Zi., Via Cuneo 34, Tel. 01 85 72 41, Fax 01 85 77 27 96, www.cenobio.it, €€€)*. Neben den Restaurants von Camogli (etwa *La Rotonda, Di geschl., Via Garibaldi 101, Tel. 01 85 77 45 02, €€*) geht man auch gern ins nahe *Recco,* ein sonst eher unattraktives Städtchen, das sich mit dem typisch ligurischen Hefefladenimbiss *focaccia* einen kulinarischen Namen gemacht hat. Man bekommt ihn beim großen Schlemmerfest *Sagra della Focaccia* am vierten Maisonntag, in feinen Hotelrestaurants wie *Da ö Vittorio (Do geschl., Via Roma 160, Tel.*

Insider Tipp

Insider Tipp

Insider Tipp

Hübsches Küstenstädtchen am Fuß der Halbinsel von Portofino: Camogli

018 57 40 29, €€) sowie in Imbissstuben wie *La Focacceria (Di geschl., Via Roma 280, Tel. 018 57 53 64, €).*

Cinque Terre **[155 E5]**

★ Einer der schönsten Küstenflecken Liguriens sind diese fünf Fischerdörfer hoch auf den Klippen (Corniglia) bzw. am Meer vor steilen Felswänden: *Monterosso,* das einzige Dorf mit einem großen Strand, *Vernazza,* das größte Dörfchen, *Corniglia, Manarola* und *Riomaggiore.* Darüber reifen auf steilen Hangterrassen die Trauben des DOC-Weißweins und des schweren Dessertweins Sciacchetrà. Die unter Naturschutz stehende Berglandschaft der Cinque Terre gehört zu den beliebten Wanderrouten oberhalb der ligurischen Küste. Im Sommer und an Wochenenden überfüllte Parkplätze vor Monterosso und Riomaggiore halten die engen Dörfer erfreulicherweise autofrei. Man erreicht sie besser und einfacher mit dem Zug. An den Bahnhöfen der Dörfer geben Infostellen Auskunft zu Hotels und den zahlreichen Privatzimmern, zur Cinque-Terre-Card (einer Art Kurtaxe) und zu den Wanderwegen: *www.parconazionale5terre.it.*

Den Cinque Terre vorgelagert ist das hübsche Küstenstädtchen *Levanto* an einem breiten Sandstrand. Es ist ein guter Ausgangspunkt für Küstenwanderungen zu den Cinque-Terre-Dörfern.

Golfo di La Spezia **[155 E5]**

Die moderne Hafenstadt La Spezia – im Zweiten Weltkrieg stark beschädigt – am tief ins Land geschnittenen Golf lohnt wegen ein paar besonders interessanter Museen: in der Burganlage Castello San Giorgio das *Museo Archeologico (Mi–Mo 9.30–12.30 und 15–18, Juni–Sept. 17–20 Uhr)* mit den im Hinterland gefundenen, geheimnisumwitterten Steinstelen; in der Innenstadt die überreiche Sammlung alter Meister *Amedeo Lia (Di–So 10 bis 18 Uhr, Via Prione 234).* Nahe der Kathedrale Santa Maria gibt es schmackhafte Lokalküche im *Vicolo Intherno (So und außer Fr/Sa abends geschl., Via della Canonica 22, Tel. 018 72 39 98, €–€€).*

Insider Tipp

An der Landzunge, die den Golf vom offenen Meer abschirmt, erwartet Sie das zauberhafte Küstenstädtchen *Portovenere* mit dem vorgelagerten Inselchen *Palmaria.* An der Ostküste des Golfs liegt das exklusive *Lerici* an der idyllischen Bucht *Golfo dei Poeti,* die im 19. Jh. ein Mekka von Dichtern und Künstlern war. Mit herrlichem Blick auf die Bucht speist man fein im *Due Corone (Di geschl., Via Vespucci 1, Tel. 01 87 96 74 17, €€€).* Weiter an der Küste entlang folgen die wildromantischen Klippendörfer *Fiascherino* und *Tellaro.*

Santa Margherita Ligure und Portofino **[155 E5]**

Am Golf von Rapallo, den die Landzunge des Monte Portofino einfasst, liegen hochkarätige Badeorte. Der größte ist Santa Margherita Ligure, der kleinste und exklusivste *Portofino,* ein autofreies Fischerdörfchen, das zu den teuersten Ferienpflastern Italiens zählt. Die Luxusherberge schlechthin in herrlicher Lage: *Splendido (75 Zi., Dépendance Splendido Mare im Ort 16 Zi., Viale Baratta 16, Tel. 01 85 26 78 01, Fax 01 85 26 78 06, www.splendido.orient-express.com, €€€).*

RIVIERA DI PONENTE

[154–155 C–D 5–6] Der Küstenbogen zwischen Genua und französischer Grenze ist zwar auch von Berghängen begrenzt, doch dichter besiedelt als die Riviera di Levante. Dank des besonders milden Klimas und der üppigen Vegetation kamen schon früh Sommerfrischler und mitteleuropäische Romantiker; heute werden hier Schnittblumen in hässlichen Gewächshäusern gezüchtet. An den Hängen der Seealpen im Hinterland wachsen Kastanien und Flaumeichen. In mühseliger Arbeit sind Olivenhaine und Rebterrassen entstanden. Durch die Gebirgslandschaft zieht sich der Wanderweg »Alta Via«, gut markiert und mit Unterkünften versehen, von Ventimiglia bis La Spezia sind es 440 km.

Alassio **[154 C5]**

Unter den zahlreichen Städtchen an der Küste Westliguriens steht vor allem Alassio (12 000 Ew.) mit seinem endlosen Sandstrand für den milden, blütenreichen Charakter ligurischer Sommerfrischen. Heute, in der Hand deutscher Reiseveranstalter, blickt es auf eine Vergangenheit mondänen, kosmopolitischen Müßiggangs zurück, wie man z. B. an der Mauer sieht, auf der sich weltberühmte Stars in Keramik verewigt haben. Eines unter vielen Ausflugszielen im bergigen Hinterland sind die *Tropfsteinhöhlen von Toirano.* Hoch oben in *Garlenda* (mit Golfplatz) verbirgt sich ein zauberhaftes Landhotel: *La Meridiana (mit Restaurant Il Rosmarino), 18 Zi., 15 Apartments, Tel. 01 82 58 02 71, Fax 01 82 58 01 50, www.relaischateaux.com/meridiana, €€€*

Bussana Vecchia **[154 C6]** Insider Tipp

Das alte Bergdorf oberhalb von San Remo brach 1887 bei einem schweren Erdbeben zusammen. Über die Trümmer und Ruinen wucherte die Vegetation, bis in den Sechzigerjahren Künstler sich hier niederließen und in Eigenregie die Häuser wieder aufbauten. Heute ist der Ort mit Ateliers und Kunsthandwerk eine Touristenattraktion.

San Remo **[154 C6]**

In prächtigen Luxushotels stieg einst die englische Aristokratie ab, und 1904–1906 entstand hier eines der berühmtesten Spielkasinos Europas. Wahrzeichen San Remos (60 000 Ew.) sind die üppigen Gärten und Villen, an denen die Bougainvillea leuchtet. Im neuen Kasinobau geht es auch heute noch hoch her, doch das mondänste Ereignis ist im Frühjahr das alljährliche italienische Schlagerfestival. Einen Bummel lohnt die malerisch verwinkelte Altstadt, *La Pigna* genannt. Das Spitzenrestaurant Liguriens ist für viele das kleine *Paolo e Barbara (Mi/Do geschl., Via Roma 47, Tel. 01 84 53 16 53, €€€).* Im palmengeschmückten *Bordighera* 10 km westlich empfiehlt sich die sehr viel preiswertere, lebhafte *Osteria Magiargè (Mi und Juli/Aug. mittags geschl., Piazza Giacomo Viale, Tel. 01 84 26 29 46, €).*

Villa Hanbury **[154 C6]**

Nahe der französischen Grenze in La Mortola bei Ventimiglia liegt der einzigartig schöne Terrassenpark *Giardini Botanici Villa Hanbury,* ein Musterbeispiel für die reiche Flora Liguriens. *April–Mitte Juni tgl. 10 bis 18, Mitte Juni–Okt. 9–19, Nov. bis März Do–Di 10–17 Uhr*

TURIN (TORINO)

[154 C3] Das Bild der vom Po geteilten Stadt bestimmen großzügige, gerade Straßen; von strengen Fassaden gerahmt, gleichen sie eher französischen Avenuen, dazu kilometerlange Arkaden, unter denen edle Geschäfte und duftende Kaffeehäuser einladen *(Corso Vittorio Emanuele)*: elegant-bürgerliches Flair. Turin (1 Mio. Ew.), einst die Residenzstadt der Savoyer, wurde mit der Gründung der Autofabrik Fiat (1899) Ziel einer gewaltigen Welle von Zuwanderern aus Süditalien und Inbegriff des industrialisierten Italiens. Und damit auch des politisierten, aufmüpfigen Italiens, wovon heute etwa eine lebhafte Alternativszene, Musikkneipen und Programmkinos zeugen. Treffpunkte sind die Lokale in den ehemaligen Lagerräumen in den Ufermauern des Po, *murazzi* genannt, und die großzügige Piazza Vittorio Veneto. Außerdem haben sich interessante Galerien und Sammlungen mit Avantgardekunst etabliert, oft in ehemaligen Industrieanlagen oder alten Palazzi, etwa die *Fondazione Sandretto Re Rebaudengo (Di–So 11–19 Uhr, Via Modane 16, www.fondsrr.org)*.

Insider Tipp

SEHENSWERTES

Cattedrale San Giovanni Battista

Zum Dom, dem einzigen Renaissancegebäude der Stadt, gehört die barocke *Cappella della Santa Sindone*. In ihr wird auch das vermeintliche Grabtuch Christi aufbewahrt, das Mitte des 15. Jhs. in den Besitz der Savoyer gelangt war und das nur zu ganz bestimmten Anlässen den Gläubigen gezeigt wird. Zu sehen sind Infrarotfotografien, die den Abdruck zeigen. *Piazza del Duomo*

Lingotto

Insider Tipp

Ein Beispiel für die Modernisierung ausgedienter Industriebauten: In den Werkshallen der Fiat-Fabrik aus den Zwanzigerjahren mit der legendären futuristischen Probepiste auf dem Dach befinden sich heute ein schickes Hotel, ein Konzertsaal, Messehallen, Einkaufsstraßen und auf dem Dach die *Agnelli-Pinakothek (Di–So 9–19 Uhr)* mit Werken u. a. von Canaletto, Tiepolo und Picasso. *Via Nizza 262*

Mole Antonelliana

Das Wahrzeichen Turins (auch auf der 2-Cent-Münze) ist ein großer Kuppelbau von 1863, mit sei-

»Bleistiftspitze«, »voll gefressene Giraffe«: die Mole Antonelliana

nen 167,5 m Italiens höchstes Baudenkmal, das die eher flache Stadt weit überragt. Vom Dach hat man einen einmaligen Rundblick auf die Stadt und ihre Bergkulisse. Nun ist darin das spektakuläre Kinomuseum *Museo Nazionale del Cinema (Di–So 9–20 Uhr, www.museonazionaledelcinema.org)* untergebracht. *Via Montebello 20*

Insider Tipp

Parco Valentino
Am linken Ufer des Po erstreckt sich dieser schöne Stadtpark. *Corso M. D'Azeglio*

Piazza Castello und Piazza Reale
Im Herzen Turins steht mitten auf der Piazza Castello der imposante *Palazzo Madama (Di–So 10–20 Uhr)*, auf römischen Mauerresten entstanden, einst mittelalterliche Wehranlage, später Barockresidenz der Savoyerin Madama Cristina; am anschließenden Platz erhebt sich der Königspalast der Savoyer, der mächtige *Palazzo Reale (Di–So 8.30–19.30 Uhr)* von 1660 mit Wohngemächern und Waffensammlung.

MUSEEN

Galleria Sabauda
Die reichen Kunstsammlungen der Savoyerkönige im gewaltigen Barockpalast *Palazzo dell'Accademia delle Scienze* an der *Via Roma. Di, Fr, Sa, So 8.30–14, Mi/Do 10 bis 19.30 Uhr*

Museo dell'Automobile C. Biscaretti di Ruffia
Ein Museum u. a. mit den besten Jahrgangsmodellen aus der Fiat-Produktion. *Di–So 10–18.30 Uhr, www.museoauto.it, Corso Unità d'Italia 40*

Museo Egizio
Eines der weltweit wichtigsten Museen mit ägyptischer Kunst, ebenfalls im Palazzo dell'Accademia delle Scienze. *Di–So 8.30 bis 19.30 Uhr, www.museoegizio.org, Via Roma*

ESSEN & TRINKEN

AB+
Schickes neues Lokal gegenüber dem Dom mit einfallsreicher Küche. *Mittags und So geschl., Via della Basilica, Tel. 01 14 39 06 18,* €€–€€€

L'Idrovolante
Beim Parco Valentino liegt direkt am Fluss dieses romantisches Terrassenlokal. *So-Abend und Mo geschl., Viale Virgilio 104, Tel. 01 16 68 76 02, www.ristoranteidrovolante.com,* €€

Pastis
Lockere Atmosphäre, frische Küche, zentral gelegen – ideal zum Mittagessen. *So-Mittag geschl., Piazza Emanuele Filiberto 9 b, Tel. 01 15 21 10 85,* €

EINKAUFEN

Die Turiner Spezialität *gianduiotti* (Nougat) gibt es u. a. in der altehrwürdigen Konditorei *Baratti & Milano* auf der Piazza Castello. Der riesige *Markt* – Italiens größter – auf der *Piazza della Repubblica/Porta Palazzo (Mo–Fr 8–13, Sa 8–17 Uhr)* spiegelt die Ethnovielfalt der Bevölkerung wider. An der nahen *Via Borgo Dora* findet *Sa-Nachmittag* der *Flohmarkt El Balon* und jeden zweiten Sonntag im Monat der *Antiquitätenmarkt El Gran Balon* statt.

Insider Tipp

ÜBERNACHTEN

AC 10 Torino
Edel gestyltes Großstadthotel in einer alten Nudelfabrik nahe beim Lingotto. *89 Zi., Via Bisalta 11, Tel. 01 16 39 50 91, Fax 01 16 67 78 22, www.ac-hotels.it,* €€€

Le Petit Hotel
Ordentliches Stadthotel, ideal mitten im Zentrum gelegen. *82 Zi., Via San Francesco d'Assisi 21, Tel. 01 15 61 26 26, Fax 01 15 62 28 07, www.lepetithotel.it,* €€

Urbani
Unweit vom Bahnhof ein angenehmes, sauberes Haus für Preisbewusste. *44 Zi., Via Saluzzo 7, Tel. 01 16 69 90 47, Fax 01 16 69 32 26, www.hotelurbani.it,* €

AUSKUNFT

Fragen Sie nach der *Torino Card! Piazza Solferino, Tel. 011 53 59 01, Fax 011 53 00 70; Stazione Porta Nuova, Tel. 011 53 13 27, www.turismotorino.org, www.extratorino.it*

ZIELE IN DER UMGEBUNG

Alba und Asti **[154 C4]**
Diese beiden Städte mit ihren hübschen Stadtkernen beherrschen das Monferrato, den Roero und die Langhe, die Hügellandschaften im Südosten von Turin, wo die wunderbaren Rotweine des Piemont wachsen. In diese Hügel zieht es im Herbst und Winter die Feinschmecker, wenn in *Alba* (30 000 Ew.) Trüffelzeit ist. Für Albas alten Stadtkern typisch sind die *case-torri,* im Mittelalter befestigte Wohnpaläste, zu denen ein hoher Geschlechterturm gehörte. Von einst 50 dieser Türme sind heute noch einige erhalten. Eine sympathische Adresse für die Einkehr ist die *Osteria dell'Arco (So/Mo geschl., Piazza Savona 5, Tel. 01 73 36 39 74, www.osteriadellarco.it,* €–€€*).*

Urlaubslektüre

Von Nord nach Süd: eine literarische Italienreise

Zurzeit sind es die italienischen Krimiautoren, die auf spannende Weise durchs heutige Italien begleiten: Piero Soria und Margherita Oggero durch Turin und Piemont, Andrea Vitali durch die Lombardei, Valerio Varesi und Kultautor Carlo Lucarelli durch die Emilia. Mit den Krimis von Marco Vichi und Nino Filastro lernen Sie Florenz kennen, mit Giannico Carofiglio Bari und Apulien – alle sind auf Deutsch zu haben. Zwei Bestseller haben die Leser jüngst begeistert: »Drei Meter über dem Himmel« von Federico Moccia über römische Jugendliche und ihre wilden Gefühle sowie »Mit bösen Absichten« von Alessandro Piperno, ein bissiger Gesellschaftsroman über Rom. Über spaßige und leidvolle Erfahrungen von Deutschen in Italien berichten unterhaltsam Nora Bernstein in »Amore mio« und Sven Severin in »Spaghetti im Rohbau«.

Beim Bummel durch Asti lohnt ein Blick in mehrere schöne Kirchen

Das sehr viel größere *Asti* (79 000 Ew.), Zentrum des Monferrato, besitzt ebenfalls ein großes mittelalterliches Zentrum mit stattlichen Häusern, Plätzen und Kirchen. Es empfiehlt sich ein Spaziergang entlang der Hauptstraße Via Vittorio Alfieri. Sehenswert sind hier vor allem das achteckige romanische Baptisterium *San Pietro,* die wunderschöne romanisch-gotische Kirche *San Secondo* mit Freskenmalerei des 15. Jhs. und die Kathedrale aus dem 14. Jh.

In dieser berühmten Schlemmergegend um Asti und Alba haben Sie die Qual der Wahl zwischen zahlreichen erstklassigen Gourmettempeln wie auch zwischen vielen guten Trattorien. Die meisten verwenden die von der Gastrobewegung Slow-Food empfohlenen Qualitätszutaten aus einheimischer Produktion. *Brasato,* den in Barolowein geschmorten Braten, bekommen Sie erstklassig in der *Locanda del Boscogrande (Di geschl., Ortsteil Messadio, Tel. 01 41 95 63 90, www.locandaboscogrande.com, €–€€)* ca. 12 km südlich von Asti bei Montegrosso d'Asti mit sieben komfortablen Zimmern (€€) und Pool. In *Canelli* ca. 30 km östlich von Alba verkostet man im Weinlokal *Enoteca Turné (Mo–Mi und mittags geschl., Corso Libertà 65 a, Tel. 32 92 28 40 49, €–€€)* die besten Weine Piemonts zu abwechslungsreicher Menükarte. Unter Kennern als Spitzenadresse gilt das Restaurant *All'Enoteca (Do-Mittag und Mi geschl., Via Roma 57, Tel. 017 39 58 57, www.davidepalluda.it, €€€)* in *Canale* 15 km nördlich von Alba in der Winzergegend Roero.

Barockbauten der Savoyer [154 C3]

Auch die unmittelbare Umgebung Turins schmücken im Namen der Savoyer vom berühmten Hofarchitekten Filippo Juvarra errichtete Barock- und Rokokobauten: Auf einem Hügel im Osten Turins thront die monumentale *Basilica di Superga (Mo–Fr 9–12 und 15–18, Sa/So 9–12.45 und 15–17.45 Uhr)* mit den Gräbern der Savoyerkönige. In schönstem Rokoko erscheint das Jagdschloss *Palazzina di Stupinigi (Di–So 10–17 Uhr)* 10 km südwestlich Turins. Das Versailles der Savoyer, die einst prachtvolle *Reggia di Venaria Reale (Di, Do, Sa, So 9.30–11.30 und 14.30–17 Uhr)* 5 km nördlich Turins, wird Flügel um Flügel restauriert. Die Savoyerburg *Castello di Rivoli (Di–Do 10 bis 17, Fr–So 10–21 Uhr, www.castellodirivoli.org)* 15 km westlich beherbergt heute ein renommiertes Ausstellungszentrum für zeitgenössische Kunst und das Gourmetrestaurant *Combal.Zero (Mo/Di geschl., Tel. 01 19 56 52 25, www.combal.org, €€€)*. 35 km südlich schließlich liegt das reich ausgestattete *Castello di Racconigi (Di–So 8.30 bis 18.30 Uhr, alle anderthalb Stunden Führungen)* in schönem Park.

Barocke Wallfahrtsstätten im Piemont

★ *I Sacri Monti*, die heiligen Berge, im 16. und 17. Jh. als Bollwerke gegen die gefährlichen Ideen der Reformation errichtet: Sie liegen, im Grün versteckt, auf bewaldeten Hügel- und Bergkuppen, eine Kapelle nach der anderen, in denen lebensgroß und lebensecht Szenen aus der Vita des Christus, der Maria, des heiligen Franz von Assisi aufgebaut sind. Lokale Kunsthandwerker schufen dieses stumme und doch lebendige Figurentheater aus bemaltem Gips, Ton, Holz. Die schönsten Wallfahrtsstätten sind der *Sacro Monte* in *Varallo* **[154 C2]** am Anfang des Tals Valsesia mit 44 Kapellen, der *Sacro Monte* über dem malerischen *Lago d'Orta* **[155 D2]** mit 20 Kapellen zum Franziskus-Leben sowie im Norden von Biella die Wallfahrtsanlage *Santuario di Oropa* **[154 C2]** mit 19 Marienkapellen. Alle liegen sie herrlich mit phantastischen Ausblicken und stehen seit kurzem auf der Unesco-Liste des Weltkulturerbes.

Lomellina **[155 D3]**

Zwischen Vercelli, Novara und Pavia erstreckt sich diese Ebene mit ihren im Frühling von Wasser spiegelglatt bedeckten Reisfeldern. Risottoreis (Vialone, Carnaroli) bekommen Sie direkt beim Erzeuger: z. B. im Reisladen der *Azienda Agricola Cascine Orsine* in *Bereguardo* Insider Tipp im Naturpark *Valle del Ticino.* Reis aus Bioanbau produziert die *Azienda Agricola Tenuta Castello* bei *Desana.* Insider Tipp Und köstliche Risotti serviert 9 km südwestlich von Vercelli *Da Balin* in *Castell'Apertole (So-Abend und Mo geschl., Tel. 016 14 71 21, www.balinrist.it, €–€€)*.

Sestriere und Susa **[154 B3–4]**

Hoch überm Eingang des Susatals, in dem 2006 die Olympischen Winterspiele ausgetragen werden, thront die eindrucksvolle Klosteranlage *Sacra di San Michele* mit wunderbaren romanischen Steinmetzarbeiten am Kirchenportal (Tierkreiszeichen) und einem atemraubenden Panorama.

Susa (7000 Ew.) ist ein malerisches, von hohen Bergen umgebenes Städtchen vorrömischen Ursprungs mit romanisch-gotischer Kathedrale, einem römischen Augustus-Tor und trutziger Burg. Bekanntester Skiort im Susatal ist *Bardonecchia* (1312 m). *Sestriere* im benachbarten Chisonetal ist international berühmt für seine Pisten. Auf der Fahrt durchs Tal beeindrucken bei *Fenestrelle* die 4000 Stufen der napoleonischen Festung, die sich einen Hügel hinaufzieht.

Über den Brenner an die Adria

Burgen und Berge in Südtirol, Mitteleuropa in Friaul und Villen und Wasser im Veneto

Der Brenner, meistbefahrener Übergang nach Italien, wird auch das Tor zum Süden genannt. In den kalkhellen Südalpen, den Dolomiten, künden milde Lüfte und üppige Vegetation den Süden an. Über Pässe und durch Täler führen seit jeher die Verkehrswege hinunter an die Adria, zur einst legendären Seerepublik Venedig. Die Grenzen des Nordostens Italiens sind im Laufe der Geschichte oft verschoben worden. So spricht man in Südtirol Deutsch, während im Karst hinter Triest Slowenisch erklingt.

Über »Südtirol«, die »Dolomiten«, »Venetien/Friaul« und »Venedig« berichten ausführlich die jeweiligen MARCO POLO Bände.

BOZEN (BOLZANO)

[156 C2] Zentrum der Südtiroler Provinzhauptstadt (101 000 Ew.) ist der Waltherplatz. Hier sitzt man im Straßencafé bei Cappuccino und Apfelstrudel mit Blick auf die schöne spätgotische *Domkirche.* Weitere Sehenswürdigkeiten: eindrucksvolle Fresken in der Johanneskapelle (14. Jh.) sowie im Kreuzgang (15. Jh.) des *Dominikanerklosters (Dominikanerplatz, Mo–Sa 9.30 bis 17.30 Uhr)* und der berühmte *Schnitzaltar* (um 1475) des Michael Pacher in der Pfarrkirche im Ortsteil Gries. Und neuerdings »Ötzi«, die lederne Mumie von Similaun, im *Archäologischen Museum (Di bis So 10–18 Uhr, Museumstr. 43, www.iceman.it).* Einkaufsviertel sind die Lauben im Zentrum und der Markt auf dem Obstplatz. Schmackhafte Südtiroler Küche serviert *Vögele (Sa-Abend und So geschl., Goethestr. 3, Tel. 04 71 97 39 38, €–€€)* im Zentrum. Ein sehr angenehmes Familienhotel ist der *Magdalener Hof (39 Zi., Rentscherstr. 48, Tel. 04 71 97 82 67, Fax 04 71 98 10 76, www.magdalenerhof.it, €€).* Aus-

Spektakulär und idyllisch zugleich: die Südtiroler Dolomiten

Wenn die Gondeln Pause machen: Canal Grande in Venedig

Fassadenmalerei in Glurns: Das sonnige Vinschgau reicht bis in die Schweiz

kunft zu Südtirol: *Pfarrplatz 11, Tel. 04 71 99 99 99, www.suedtirol.info*

ZIELE IN DER UMGEBUNG

Brixen (Bressanone) **[156 C1]**
Ein heiteres Pfaffen- und Kaufmannsstädtchen (16 000 Ew.) voller Kostbarkeiten ist das knapp 50 km nördlich gelegene Brixen mit mittelalterlicher Altstadt, einem prächtigen barocken ★ *Dom,* dessen Kreuzgang *(tgl. 9–12 und 15–18 Uhr)* über und über mit Bibelgeschichten ausgemalt ist, und der bischöflichen *Hofburg (Mitte März–Okt. Di–So 10–17 Uhr, Krippenmuseum Dez./Jan. tgl. 14–17 Uhr),* heute ein Museum sakraler Kunst mit Krippensammlung.

Eine beliebte traditionelle Einkehradresse ist *Fink (Di- Abend und Mi geschl., Kleine Lauben 4, Tel. 04 72 83 48 83, €€)* mit einem Menhir in der Gaststube. Ein schönes Hotel mit gutem Restaurant: *Elephant, 44 Zi., Weißlahnstr. 4, Tel. 04 72 83 27 50, Fax 04 72 83 65 79, www.hotelelephant.com, €€–€€€*

Südtiroler Täler **[156 B–C 1–2]**
Die zentrale Lage der Stadt macht sie zum geeigneten Ausgangspunkt für Ausflüge: in die malerische Mittelgebirgslandschaft des *Ritten,* traditionelle Sommerfrische des Bozener Bürgertums mit altmodischen Hotels und Villen, oder auf die *Seiser Alm* im Osten, Europas größte, blütenreiche Hochalm (ca. 60 km^2) vor der Kulisse des *Schlerns,* eines gewaltiger Bergrückens und Wahrzeichen Bozens. Im Heu der Alm kann man kuren: in *Völs am Schlern* im *Heubad (43 Zi., Tel. 04 71 72 50 20, Fax 04 71 72 54 25, www.bagnidifieno.it, €€–€€€).*

Nördlich von Bozen, im Eisacktal, zweigt bei Waidbruck gegenüber der prächtigen *Trostburg* (Stammschloss des Oswald von Wolkenstein, *Ostern–Okt. tgl. Führungen 11, 14, 15, 16 Uhr*) das Grödnertal ab; es führt zu renommierten Skiorten wie *St. Ulrich* (Ortisei), auch Hochburg der Holzschnitzkunst, und weiter auf die ★ *Große Dolomitenstraße,* eine der schönsten Panoramastraßen Italiens. Sie führt an die bizarren Felsformationen der Dolomiten heran bis nach *Cortina d'Ampezzo,* Perle der Dolomiten, schon im Veneto und sommers wie winters ein mondäner Ferienort mit schicken Geschäften und Kunstgalerien. Während der Fahrt mit der Schwebebahn *Freccia del Cielo* auf den Gipfel der *Tofana di Mezzo* (3243 m) genießt man atemraubende Blicke vom Adamello über den Großglockner bis hinunter auf die Lagune Venedigs. Noch weiter nördlich im Eisacktal geht es bei Klausen (Chiusa) ins *Villnösstal* mit Südtiroler Bilderbuchlandschaft.

Im Süden Bozens beginnt die »Südtiroler Weinstraße« durch die Weinberge und Winzerdörfer des Etschtals bis hinunter nach Salurn; hier verläuft seit dem 8. Jh. die deutsch-italienische Sprachgrenze.

Zum Nordwesten hin gelangt man nach *Meran,* zauberhafte Kurstadt (33 000 Ew.) mit Promenaden und Parkanlagen voller mediterraner Vegetation, z. B. die *Giardini Trauttmansdorff (Mitte März–Mitte Nov. tgl. 9–18, im Sommer bis 21 Uhr, www.trauttmansdorff.it).* Oberhalb Merans liegt *Dorf Tirol* mit dem Stammschloss der Grafen von Tirol, ein Touristenmekka *(Mitte März bis Anfang Nov. Di–So 10–17 Uhr).*

MARCO POLO Highlights »Der Nordosten«

★ **Aquileia**
Eine römische Stadt und ein frühchristliches Gotteshaus (Seite 53)

★ **Canal Grande**
Die schönste »Straße« der Welt in Venedig (Seite 54)

★ **Dom**
Gemalte Bibelgeschichten im Kreuzgang des Brixner Doms (Seite 46)

★ **Cappella degli Scrovegni**
Schlichte Kapelle in Padua mit überwältigender Ausmalung (Seite 48)

★ **Große Dolomitenstraße**
Blicke auf das grandiose Kalkgebirge der Südalpen (Seite 47)

★ **Adlerturm**
Die Fresken im Schlossturm von Trient erzählen vom Bauernleben (Seite 51)

★ **San Zeno Maggiore**
Mittelalterliche Bronzereliefs auf dem Portal der Kirche in Verona (Seite 57)

★ **Triestiner Riviera**
Zwischen Duino und Triest: einzigartige Panoramafahrt zwischen Karstgebirge und Adria (Seite 54)

★ **Vicenza**
Architekturperlen vom Stararchitekten des 16. Jhs., Andrea Palladio: Basilika, Teatro Olimpico und Villa Rotonda (Seite 51)

Von Meran aus geht es weiter in die regenarme, sonnen- und obstreiche Talgemeinschaft *Vinschgau;* sie reicht bis an die Schweiz, die Seitentäler führen gen Süden in die vergletscherte Ortlergruppe (*Stilfser Joch* auch Sommerskigebiet), im Norden ins Ötztalmassiv (*Schnalstal* ebenfalls Sommerskigebiet). Am Eingang ins Schnalstal erhebt sich *Castel Juval (Ostern–Juni und Sept.–Nov. Do–Di 10–16 Uhr, www.messner-mountain-museum.it),* das erste der bisher vier Bergmuseen, die der berühmteste Südtiroler, Reinhold Messner, eingerichtet hat. Ein kulturhistorisches Ereignis ist das Insider Tipp Kirchlein *St. Prokulus* aus dem 7. Jh. bei Naturns mit den ältesten Fresken des deutschen Sprachraums *(Ostern–Okt. Di bis So 9.30–12 und 14.30–17.30 Uhr, Führungen um 10 und 15 Uhr).* Burgen und Klöster schmücken das Tal; sehenswert ist auch das völlig intakte Ministädtchen *Glurns,* dessen Ringmauer Bürgerhäuser wie Bauernhöfe einfasst.

78 Statuen flankieren den Markt- und Gartenplatz Prato della Valle

PADUA (PADOVA)

[156 C4] Die altehrwürdige Universitätsstadt (220 000 Ew.) ließ im Spätmittelalter und in der Renaissance Spitzenkünstler Italiens für sich arbeiten. Außerdem predigte und starb hier einer der meistverehrten katholischen Heiligen, Sankt Antonius von Padua, Mitstreiter des Franz von Assisi. Zum Verschnaufen: der enorme Gartenplatz *Prato della Valle* (hier jeden dritten Sonntag im Monat ein Antiquitätenmarkt).

SEHENSWERTES

Basilica di Sant'Antonio

Die Padovaner begannen mit dem Bau dieser gewaltigen Kirche gleich nach dem Tod des verehrten Predigers Sant'Antonio da Padova am 13. Juni 1231 (alljährlich größter Festtag der Stadt). Jedes Jahr pilgern über 4,5 Mio. Menschen zu seiner Grabkapelle. Unter den Kostbarkeiten sind die Bronzen von Donatello im Hochaltar besonders schön. *Tgl. 7.30–19 Uhr, Piazza del Santo*

Cappella degli Scrovegni

★ Von außen eher schlicht (14. Jh.), doch innen überwältigend, ist die Kapelle gänzlich ausgemalt von Giotto, dem bahnbrechenden Maler zwischen Mittelalter und Neuzeit. *Tgl. 9–19 Uhr, langfristig voranmelden unter Tel. 04 92 01 00 20, www.cappelladegliscrovegni.it, Corso Garibaldi*

Gattamelata
Donatello schuf mit dem Standbild des venezianischen Heerführers Erasmo di Narni, Gattamelata genannt, ein Meisterwerk der Renaissance. *Vor der Antonius-Basilika, Piazza del Santo*

MUSEUM

Museo Civico und Pinacoteca
Sehenswerte archäologische Abteilung und kostbare Gemäldegalerie (14.–18. Jh.): Bellini, Tiziano, Giorgione, Tiepolo, Giotto und viele weitere. *Di–So 9–19 Uhr, Piazza Eremitani*

ESSEN & TRINKEN

Osteria l'Anfora
Alteingesessene beliebte Trattoria mit schmackhafter Venetoküche (köstliches Federvieh!) im Ghettoviertel. *So geschl., Via dei Soncin 13, Tel. 049 65 66 29,* €

Caffè Pedrocchi
Im berühmten Traditionscafé trifft man sich sonntags zum Brunch, in der Woche zum Lunch, zu Konzerten, Ausstellungen etc. Saisonale Degustationsmenüs. *Im Sommer Mo geschl., Via VIII Febbraio 15, Tel. 04 98 78 12 31, www.caffepedrocchi.it,* €€

San Pietro
Das kleine, gepflegte Lokal nahe dem Theater überzeugt mit leichter Küche und gutem Service. *So geschl., Via San Pietro 95, Tel. 04 98 76 03 30,* €€

ÜBERNACHTEN

Al Fagiano
Sympathisches, persönlich geführtes Stadthotel unweit von der Basilika. *30 Zi., Via Locatelli 45, Tel. 04 98 75 00 73, Fax 04 98 75 33 96, www.alfagiano.com,* €

Igea
Gepflegtes Mittelklassehotel in der Nähe der Basilika. *54 Zi., Via Ospedale Civile 87, Tel. 04 98 75 05 77, Fax 049 66 08 65, www.hoteligea.it,* €–€€

Villa Margherita
Wohnen wie einst der venezianische Adel in einer Landvilla am Brentakanal östlich von Padua bei Mira. *19 Zi., Mira Porte, Via Nazionale 416–417, Tel. 04 14 26 58 00, Fax 04 14 26 58 38, www.villamargherita.com,* €€€

AM ABEND

An die Stelle der einst das Nachtleben prägenden Weinstuben sind Studentenpubs und die angesagten neuen *wine bars* getreten, z. B. *Godenda (Via Squarcione 4/6)* und die Lokale im ★ Ghetto. Zur ★ Happy Hour am frühen Abend treffen sich alle an der *Piazza delle Erbe.* Opernsaison im *Teatro Verdi.*

AUSKUNFT

Fragen Sie nach der Padova-Card: *Am Bahnhof, Tel. 04 98 75 20 77, Fax 04 98 75 50 08,* und im *Vicolo Cappellato (hinterm Caffè Pedrocchi), www.turismopadova.it*

ZIELE IN DER UMGEBUNG

Brentakanal (Naviglio di Brenta) **[156 C3–4]**

Zu empfehlen ist eine Fahrt auf dem kleinen Vergnügungsdampfer Burchiello *(Via Orlandini 3, Tel. 04 98 20 69 10, www.ilburchiello.it)*, bei der Sie die Villen, Lustschlösser und Gärten der venezianischen Aristokratie und Kirchenhierarchie des 16. und 17. Jhs. zwischen Padua und Venedig bewundern und teilweise auch besuchen können.

Euganeische Hügel (Colli Euganei) **[156 C4]**

Diese sich plötzlich in der flachen Poebene erhebende Hügellandschaft vulkanischen Ursprungs im Süden Paduas gehört zu den besonders idyllischen Ausflugszielen Norditaliens: mit Rebhängen, Wäldern, der *Benediktinerabtei von Praglia* (11. Jh.) und den Castelli Carraresi. Zu diesen Burgdörfern der einstigen Fürstenfamilie Carrara aus Padua gehört *Arquà Petrarca*, Sterbeort des berühmten Dichters Francesco Petrarca. Weitere Ziele sind *Este* (18 000 Ew.) mit Schloss und Villen und bekannte Kurorte wie *Abano Terme* (17 000 Ew.).

Treviso **[157 D3]**

Halb Amsterdam, halb Venedig, ist diese beschauliche Stadt (88 000 Ew.) von Flüssen und Kanälen durchflossen, dazu mittelalterliche *Palazzi*, ein *Dom* romanischen Ursprungs mit einem Altarbild des Tizian, die wertvoll ausgestattete gotische Kirche *San Nicolò*, das *Museo Civico (Di–So 9–12.30 und 14.30–18 Uhr)* mit beachtlicher Gemäldesammlung (Bellini, Lotto, Tizian) und mitten im Zentrum auf einer kleinen Insel der Fischmarkt. In alten Mauern gleich hinter der Piazza dei Signori in der *Via Inferiore 7* isst man in der *Trattoria Toni del Spin (Mo-Mittag und So geschl., Tel. 04 22 54 38 29, €)* Lokales wie Stockfisch oder gegrillten Radicchio. Zu einem Besuch von Treviso gehören Ausflüge zu zwei Palladio-Bauten: *Villa Emo (Vedelago, Ortsteil Fanzolo, April–Okt. Mo–Sa 15–19, So 10–12 und 15–19 Uhr,*

Die »ombra«

Warum man im Veneto einen »Schatten« trinkt

Immer schon tranken die Veneter gern ihre frischen Weine, in den zahllosen Weinstuben, auf Märkten, bei Festen auf der Piazza. Hier unter freiem Himmel, als es noch keine Kühlschränke gab, suchte man dem Wein ein schattiges Plätzchen und dem, der ihn trank, gleich dazu: aus »andemo a bever all'ombra« (gehen wir im Schatten einen trinken) wurde »andemo a bever un'ombra« (gehen wir einen Schatten trinken) – die »ombra« trinkt man auch heute noch im Veneto, ein kleines Gläschen kühlen Weißweins am Tresen der Bar, in der Osteria ...

Villa Rotonda bei Vicenza: berühmtestes Werk von Meister Andrea Palladio

Nov.–März Sa/So 14–18 Uhr) und *Villa Barbaro Volpi* in *Maser* Richtung Asolo *(März–Okt. Di, Sa, So 15–18, Nov.–Feb. Sa/So 15–18 Uhr)*.

Vicenza **[156 C3]**

★ Auch wenn der berühmteste Architekt der venetischen Aristokratie des 16. Jhs., Andrea Palladio, aus Padua stammte, ist doch Vicenza (112 000 Ew.) »seine Stadt«: Das Meisterwerk ist die von drei Plätzen umgebene *Basilica* (heute Ausstellungsraum), ursprünglich gotisch und dann von Palladio mit einer zweigeschossigen Säulenfassade umgeben. Auch das vorbildliche *Teatro Olimpico* entwarf Palladio, Vincenzo Scamozzi vollendete es; verblüffend ist hier die optische Tiefenwirkung der perspektivisch geschickt gebauten Kulissen *(Di–So 9 bis 17 Uhr)*.

Auskunft über Besuchszeiten und Besichtigungen der zahlreichen prächtigen Villen der venezianischen Aristokratie in der Umgebung Vicenzas: *Piazza Matteotti 12, Tel. 04 44 32 08 54, Fax 04 44 32 50 01, www.villeveneteecastelli.com, www.vicenzae.org*. Die berühmteste ist die *Villa Rotonda (Di–So 10–12 und 15–18 Uhr, nur Außenbesichtigung, Mitte März–Anfang Nov. Mi auch innen)* 4 km von Vicenza entfernt, das schönste und originellste Werk des Palladio.

TRIENT (TRENTO)

[156 B2] Die frische Bergluft gelangt bis hinunter in die Gassen der Stadt (99 000 Ew.). Trient war im Mittelalter einflussreiches Fürstbistum (von 1027 bis 1803). Im *Kastell Buonconsiglio (Di–So 10–17 Uhr)* tagte von 1545 bis 1563 jenes Konzil, auf dem die Strategien gegen die Reformation ausgeklügelt wurden. Zur Burganlage gehört der ★ *Adlerturm (Eintritt an der Kasse reservieren, www.buonconsiglio.it)* mit sehenswerten Fresken (15. Jh.), die wunderbar anschaulich die Arbeit (der Bauern) und die Vergnügungen (des Adels) als Jahreskalender darstellen, u. a. die erste Schneeballschlacht der Kunstge- Insider Tipp schichte! Den imposanten Domplatz beherrschen ein *Neptunsbrunnen* (18. Jh.), der *Dom,* eine strenge lombardisch-romanische Pfeilerbasilika auf den Resten der ersten Kirche (6. Jh.), sowie der mittelalterliche Stadtpalast. Unweit vom Dom lädt die *Osteria Il Cappello (So-Abend und Mo geschl., Piazzetta Lunelli, Tel. 04 61 23 58 50, €)* ein, im Sommer auch draußen. Am Stadtrand schläft es sich gut in der reizenden Frühstückspension *San Giorgio della Scala (10 Zi., Via Brescia 133, Tel. 04 61 23 88 48, Fax 04 61 23 88 08, www.garnisangiorgio.it, €).* Ein Pilgerziel der Freunde moderner Kunst ist das aufregende Museum *MART (Di–Do 10–18, Fr–So 10–21 Uhr, www.mart.trento.it)* im nahen *Rovereto.*

ZIEL IN DER UMGEBUNG

Trentino **[156 B–C2]**
Wie in Südtirol sind auch die Tridentiner Berglehnen, Taleingänge, Felssporne und uralten Verkehrswege mit Hunderten von Burgen und Schlössern gespickt, teilweise in gutem Zustand, teilweise wildromantische Ruinen und Schauplätze sommerlicher Kulturveranstaltungen; Europas größte Burganlage erhebt sich überm Etschtal zwischen Rovereto und Trient, *Castel Beseno,* einst militärische Vorhut des Bistums. Nahe beim Thermalort Comano kann man eines der schönsten Tridentiner Schlösser besichtigen, das restaurierte *Schloss Stenico (Führungen Di–So 9.30–17 Uhr).*

Im Nordwesten Trients haben Sie vom 2125 m hohen *Paganella* die Bergwelt im Blick: Im Westen erheben sich das Brentamassiv und die Gletschergruppen Adamello-La Presanella und Cevedale, zwischen denen weltberühmte Skiorte wie *Madonna di Campiglio* liegen. Dort finden Sie das behagliche Ökohotel (mit Wellnessbereich und gutem Restaurant) *Hermitage (30 Zi., Via Castelletto Inferiore 69, Tel. 04 65 44 15 58, Fax 04 65 44 16 18, www.chalethermitage.com, €€€).*

Nach Nordosten hin beherrschen die Dolomiten das Trentino, einige Täler führen stufenweise heran: zunächst das sonnige, rebenbepflanzte Cembratal, dem das Fleimstal (Val di Fiemme) folgt, in dessen Hauptort *Cavalese* der *Palazzo della Magnifica Comunità* (16. Jh.) davon zeugt, dass die Bauern hier 1110 dem Bischof von Trient ihre Unabhängigkeit abtrotzten und damit erstes freies Gemeinwesen in Italien wurden. Das hochalpine Fassatal verschafft den Anschluss an die *Große Dolomitenstraße.* Ein renommierter Skiort ist *San Martino di Castrozza* vor der Palagruppe mit dem mächtigen Felsturm *Cimone della Pala* (3186 m), dem »Matterhorn der Dolomiten«.

Das Trentino ist auch berühmt für seine Seen: Man badet im *Lago Levico* und vor allem im *Lago di Caldonazzo* (bei Calceranica al Lago das älteste Kirchlein des Tals, *Sant'Ermete,* auf den Resten eines römischen Dianatempels).

TRIEST (TRIESTE)

[157 E3] Den *Borgo Teresiano,* das malerisch-düstere Stadtviertel aus dem 18. Jh. am Canal Grande, ließ Kaiserin Maria Theresia anlegen. Auch die imposanten klassizistischen Bürgerpaläste aus dem 19. Jh. an der

Zeugnisse römischer Geschichte können Sie in Aquileia bewundern

Piazza dell'Unità d'Italia am alten Hafen erinnern noch daran, dass Triest (229 000 Ew.) einst wichtigster Adriahafen Österreich-Ungarns war. Eine herrliche Sicht auf Stadt und Meer bietet der Hügel *San Giusto* über der Altstadt; hier die *Basilika San Giusto* und das *Kastell.*

Typische Lokale für Triest sind die Insider Tipp *buffets* (*Siora Rosa, So geschl., Piazza Hortis 3, €; Da Pepi, So geschl., Via Cassa di Risparmio 3, €*) und die alten Insider Tipp Kaffeehäuser (z. B. *Caffè San Marco, Via Battisti 18; Tergesteo, Galleria Tergesteo; Tommaseo, Piazza Tommaseo*). Bei herrlichem Ausblick wohnt es sich komfortabel direkt am Meer 8 km vor Triest in *Grignano* im *Riviera & Maximilian's (72 Zi., Strada Costiera 22, Tel. 040 22 45 51, Fax 040 22 43 00, www.magesta.com, €€–€€€).* Auskunft: *Piazza dell'Unità d'Italia 4, Tel. 04 03 47 83 12, www.triestetourism.it*

Ausführliche Informationen über Triest und Umgebung im MARCO POLO Band »Venetien/Friaul«.

ZIELE IN DER UMGEBUNG

Aquileia **[157 E3]**

★ Die *archäologische Anlage* aus der Römerzeit zeigt Reste eines Flusshafens, Wohnhäuser, Forum und Grabstätten *(tgl. 8.15 Uhr bis 1 Std. vor Sonnenuntergang).* Außerdem eine romanische *Basilika,* Sitz der frühmittelalterlichen Kirchenfürsten *(Mo–Sa 8.30–19, So 8.30–19.30 Uhr)* mit Mosaikboden des Vorgängerbaus von 319 und zwei Museen: *Museo Archeologico (Di–So 8.30–19.30, Mo 8.30–14 Uhr)* und *Museo Paleocristiano (Di bis So 8.30–13.45 Uhr)*

Cividale del Friuli **[157 E2]**

Das hübsche mittelalterliche Städtchen (11 000 Ew.) im Friaul, malerisch am Fluss Natisone gelegen, lohnt wegen der sehenswerten Spuren des uralten Langobardenvolkes: im *Tempietto Longobardo,* der *Basilika,* im *Archäologischen* und im *Christlichen Museum.*

Triestiner Riviera **[157 E3]**

★ Die Küstenstraße von Triest nach Duino zwischen der Adria und dem karstigen Hinterland zählt zu den schönsten Panoramastraßen Italiens. Ein Ausflugsziel im nicht ungefährlichen Karstgebirge (viele Stellen sind unterhöhlt) ist die *Grotta Gigante* bei Villa Opicina *(tgl. stdl. Führungen),* von Triest mit einer Standseilbahn zu erreichen. Zu den Sehenswürdigkeiten an der Küste gehören das *Castello di Miramare (tgl. 9–18.30 Uhr)* in wunderschönem Park hoch über dem Meer, 1860 für Erzherzog Maximilian von Österreich erbaut, sowie das viel ältere *Kastell von Duino (März–Sept. Mi–Mo 9.30 bis 17.30, Okt. 9.30–16.30, Nov.–Feb. Sa/So 9.30–16 Uhr)* der Thurn-und-Taxis-Familie, spektakulär auf Klippen gelegen.

Udine **[157 E2]**

Udine (100 000 Ew.) war bis 1956 Hauptstadt der Region Friaul-Julisch-Venetien und ist es im Herzen der Friauler immer noch. Wie Gradisca d'Isonzo oder das gänzlich intakte, sternförmige Festungsstädtchen Palmanova 20 km südlich trägt auch das besuchenswerte Udine den Stempel Venedigs, denn im 16. und 17. Jh. hatte es der Seerepublik als Bollwerk gegen Hunnen, Ungarn, Türken gedient. Heute birgt das *Kastell* eine hervorragende Gemäldesammlung *(Di–Sa 9.30–12.30 und 15–18, So 9.30–12.30 Uhr).*

Zwei Plätze prägen die Stadt: die prächtige *Piazza della Libertà* im Stil venezianischer Renaissance mit dem großen Kaffeehaus *Caffè Contarena* und der beschaulichere Marktplatz *Piazza Matteotti* voller Cafés. Den *Dom* schmücken Gemälde des Tiepolo, eines Sohnes der Stadt. Angenehm übernachten Sie im *Clocchiatti (13 Zi., Via Cividale 29, Tel./Fax 04 32 50 50 47, www.hotelclocchiatti.it, €€).*

VENEDIG (VENEZIA)

[157 D4] Diese einzigartige Stadt inmitten einer Lagune hat in den letzten 25 Jahren die Hälfte ihrer Bewohner verloren (heute 65 000 Ew.). Dafür muss sie auf ihren schmalen Gassen und Brücken jedes Jahr Abermillionen Besucher verkraften. Daher wird immer wieder debattiert, ob der Besucherstrom durch einen Numerus clausus eingedämmt werden soll. Ausführlich berichtet der MARCO POLO »Venedig«.

SEHENSWERTES

Canal Grande

★ Der Hauptkanal zieht sich als spiegelverkehrte S-Schleife durch die Stadt: vorbei an wunderbaren Palastfassaden, über deren Gotik-, Renaissance- oder Barockarchitektur das ganz eigene filigran-orientalische Flair Venedigs liegt. Die *Rialtobrücke* von 1592 mit ihrem täglichen Markt liegt gleich hinter der ersten Kanalschleife. Wenn das Boot an der *Piazzetta San Marco* anlegt, betritt man das Vorzimmer zum Markusplatz, d. h. den Vorplatz des *Palazzo Ducale (April bis Okt. tgl. 9–19, Nov.–März 9–17*

Uhr), des mit prachtvollen Kunstwerken gefüllten einstigen Sitzes des Dogen.

Piazza San Marco
Der prachtvolle Salon der Stadt mit den einstigen Amtsgebäuden der Seerepublik Venedigs, *Procuratie Vecchie* und *Procuratie Nuove,* den schönen alten Cafés und vor allem dem überwältigenden, orientalisch anmutenden *Markusdom (Mo–Sa 9.30–17, So 14–16.30 Uhr)* mit reichem Domschatz. Vom 97 m hohen *Markusturm (Okt.–März tgl. 9.45–16, April–Juni 9.30–17, Juli bis Sept. 9.45–20 Uhr)* hat man einen herrlichen Blick auf Venedig.

Redentore
Diese grandiose tempelartige Basilika baute Andrea Palladio auf die Insel Giudecca gegenüber der Piazza San Marco.

MUSEEN

Collezione Peggy Guggenheim
Die Amerikanerin sammelte die Werke ihrer Freunde Picasso, Matisse, Klee, Giacometti und vieler anderer. Mit schönem Museumscafé. *Mi–Mo 10–18 Uhr, im Palazzo Venier dei Leoni*

Galleria dell'Accademia
Malerei zwischen dem 14. und 18. Jh.: Bellini, Canaletto, Carpaccio, Tizian, Veronese, Giorgione und viele mehr. *Di–So 8.15–19, Mo 8.15 bis 14 Uhr, Campo della Carità*

ESSEN & TRINKEN

Bancogiro
Nahe der Rialtobrücke beim Fischmarkt, im Sommer sitzt man am Canal Grande, ein lockeres Lokal mit schmackhaften Imbissen und guten Weinen, engagiert und untouristisch. *So-Abend und Mo geschl., Tel. 04 15 23 20 61, San Polo, Campo San Giacometo 122, €–€€*

La Zucca
In einer Gasse nahe der schönen Piazza Campo San Giacomo dell'Orio, nette, untouristische Atmosphäre und frische Gemüseküche. *So geschl., Santa Croce, Ponte del Megio 1762, Tel. 04 15 24 15 70, €–€€*

ÜBERNACHTEN

La Calcina
Angenehmes Haus, freundlich geführt, herrliche Lage mit Blick auf die Insel Giudecca, gutes Restaurant *(Mo geschl., €€€)* mit Sommerterrasse am Canal Grande. *29 Zi., Dorsoduro, Fondamenta Zattere ai Gesuati 780, Tel. 04 15 20 64 66,*

Venedigs »Hauptstraße«: Canal Grande

Fax 04 15 22 70 45, www.lacalcina.com, €€–€€€

Locanda Correr
Gepflegte, kleine Herberge im verschnörkelten Stil venezianischer Romantik. *5 Zi., Castello, Campo San Filippo e Giacomo 4370, Tel. 04 12 77 78 47, Fax 04 12 77 59 39, www.locandacorrer.com, €€*

AUSKUNFT

Piazza San Marco/Calle Ascensione, Tel. 04 15 29 87 11, Fax 04 15 23 03 99, www.turismovenezia.it

ZIELE IN DER UMGEBUNG

Lido di Venezia **[157 D4]**
Wer Strandleben mit einem Aufenthalt in Venedig verbinden möchte, gar anlässlich des Filmfestivals im Spätsommer, ist am Lido in der Lagune richtig: entweder in den mondänen Luxushotels oder in der charmanten Gartenpension *Villa Stella (12 Zi., Via San Gallo 111, Tel. 04 15 26 07 45, Fax 04 15 26 10 81, www.villastella.com, €–€€)*.

Podelta (Delta del Po) **[157 D4]**
Die Mündungslandschaft des größten Flusses Italiens zieht sich 60 km lang von der Etschmündung unterhalb *Chioggias* (sehr sehenswert, eine Miniausgabe Venedigs, mit einem der wichtigsten Fischmärkte Italiens) bis hinunter nach Comacchio, wo die Lagunenlandschaft von Ferrara beginnt. Die ehemalige Sumpflandschaft ist weit gehend trockengelegt, doch an manchen Stellen trifft man noch auf heute unter Naturschutz stehende Feuchtgebiete. Die Deiche eignen sich hervorragend zum Radfahren und Reiten, und die Wasserläufe kann man auf Bootsausflügen erkunden.

VERONA

[156 B3–4] Romeo und Julia, die klassische Liebestragödie, und ein Opernabend in der Kulisse der gigantischen römischen Arena (22 000 Plätze) mitten im Zentrum: Das sind die häufigsten Assoziationen zu Verona (255 000 Ew.), jener einst bedeutenden römischen Siedlung da, wo die Etsch aus den Al-

Wo einst Gladiatoren um ihr Leben kämpften, erklingen heute Opernarien

pen in die Tiefebene tritt. Ausführliche Informationen im MARCO POLO Band »Venetien/Friaul«.

SEHENSWERTES

Arena
Mitten in der Stadt auf der weiten, von Cafés gesäumten Piazza Bra erhebt sich die größte römische Gladiatorenarena, im 1. Jh. n. Chr. erbaut *(Mo 14–18.30, Di–So 8.30 bis 18.30, in der Opernsaison 8.30–15 Uhr, www.arena.it)*, heute Schauplatz der sommerlichen Opernfestspiele.

Casa di Giulietta
Die Liebespilger haben die Brüste der Bronze-Julia blank geputzt, die im Hof ihres angeblichen Geburtshauses steht. *Mo 13.30–19.30, Di bis So 8.30–19.30 Uhr, Via Cappello 23*

Piazza Erbe
Sehr stimmungsvoll ist dieser von Turm- und Wohnhäusern aus Mittelalter und Barockzeit umgebene, bunte Marktplatz.

Piazza dei Signori
Dicht um den Platz mit der Dante-Statue: *Palazzo del Comune* mit romanischem Innenhof, gotischer Treppe und der *Torre dei Lamberti (84 m, Aufzug)* sowie der *Loggia del Consiglio* (Frührenaissance).

San Zeno Maggiore
★ Das Eingangsportal dieser wunderbaren romanischen Basilika gehört zu den schönsten Bronzearbeiten des 12. Jhs. Im Innern verdient das Altarbild von Mantegna, die Madonna mit Heiligen, einen Blick. *Piazza San Zeno*

MUSEUM

Museo d'Arte Castelvecchio
Meisterwerke der Kunst wie die Madonna mit der Wachtel von Pisanello oder die Reiterstatue des Cangrande I. aus dem 13. Jh., berühmt für sein geheimnisvolles Lächeln. *Mo 13.30–19.30, Di–So 8.30–19.30 Uhr, Corso Castelvecchio*

ESSEN & TRINKEN

Locanda di Castelvecchio
Gute Küche beim Kastell. *Mi-Mittag und Di geschl., Corso Cavour 49, Tel. 04 58 03 00 97,* €€–€€€

La Taverna di Via Stella
Nahe der Casa di Giulietta leckere Imbisse oder auch ein komplettes Mahl. *Mo geschl., Via Stella 5 c, Tel. 04 58 00 80 08,* €–€€

ÜBERNACHTEN

Aurora
Tolle Aussicht auf die Piazza delle Erbe, gepflegt. *19 Zi., Piazzetta XIV Novembre 2, Tel. 045 59 47 17, Fax 04 58 01 08 60, www.hotelaurora.biz,* €€

Hotel Victoria
In einem alten Adelspalast im Zentrum ein elegantes Komforthotel. *66 Zi., Via Adua 8, Tel. 045 59 05 66, Fax 045 59 01 55, www.hotelvictoria.it,* €€€

AUSKUNFT

Via degli Alpini 9 (Piazza Bra), Tel. 04 58 06 86 80, Fax 04 58 00 36 38; am *Bahnhof, Tel. 04 58 00 08 61, www.tourism.verona.it*

Urlaubsparadiese und Kunstschätze

Von Mailand und den Seen durch die Padania zur Ferienmetropole Rimini

Den Norden säumen die mächtigen Alpen, deren Vorgebirge mit den wunderschönen oberitalienischen Seen zur einzigen großen Ebene Italiens auslaufen, zur Padania. Sie reicht von Turin bis an die Adria, und der Po, Italiens längster und majestätischster Fluss, durchzieht sie. Diese fruchtbare Ebene bietet zudem den Raum für die meisten italienischen Industrieansiedlungen. Im Süden begrenzen die ersten Hügel des Apennins die Padania. Wo die Berge auf die Ebene stoßen, haben sich dank der guten Verkehrslage und des Wasserreichtums lebendige Städte entwickelt, freie Kommunen im Mittelalter und dann Höfe ehrgeiziger Fürstendynastien.

BOLOGNA

[156 C5] Bolognas (380 000 Ew.) Trümpfe sind die 32 km Arkadengänge, die älteste Universität Europas (1088), die berühmten *tortellini* und *tortelloni,* mit Ricotta und Spinat oder Fleisch gefüllte Teigtaschen, vor allem aber die ausgedehnte, stattliche Altstadt in braunroten Farben. Ausführlich berichtet der MARCO POLO Band »Emilia-Romagna«.

Seesicht und Bergblick: Am Comer See haben Sie beides gleichzeitig

Schirmherrschaft: Strandbad in Rimini

SEHENSWERTES

Archiginnasio
1562/63 gebaut, wurde der Renaissancepalast Sitz der alten Universität. Die Lesesäle der Bibliothek und den Innenhof zieren die Wappen der Studenten und Professoren, außerdem können Sie hier das *Teatro Anatomico,* einen medizinischen Vorlesungssaal aus dem 17. Jh., bestaunen. *Mo–Sa 9–13 Uhr, Via dell'Archiginnasio/Piazza Galvani*

San Petronio
Die weiträumige, fast quadratische Piazza Maggiore wird von der Fassade dieser enormen gotischen Kirche beherrscht – die nur halb fertig

Von Bolognas schiefem Turm, der fast 100 m hohen Torre degli Asinelli, liegt Ihnen Bologna zu Füßen

wurde, denn der Papst ließ damals den Bau stoppen, sollte die Kirche doch größer als der Petersdom werden. Das zentrale Portal ist ein Meisterwerk des Jacopo della Quercia (15. Jh.). Im strengen Innern fällt durch ein Loch im Kirchendach die Sonne gezielt auf einen Meridian. Schönster Barock ist der restaurierte Brunnen *Fontana del Nettuno* des Giambologna. Ihm gegenüber gehts in die *Sala Borsa*, einen prachtvollen Jugendstilsaal mit Stadtbücherei. *Piazza Maggiore, Piazza Nettuno*

Santo Stefano

★ Die Dreiecksform der Piazza Santo Stefano weist auf diesen sehenswerten Kirchenkomplex, in dem mehrere Kirchen aus dem 5.–14. Jh. ineinander verschachtelt stehen. *Tgl. 9–12.30 und 15.30–18 Uhr, Piazza Santo Stefano*

Torri pendenti

Zu den Symbolen der Stadt gehören diese beiden schief einander zugeneigten Geschlechtertürme aus dem Mittelalter: die kürzere *Torre Garisenda* und die restaurierte *Torre degli Asinelli* (97,6 m), die Sie über 498 Stufen erklimmen können. *Tgl. 9–18, Winter bis 17 Uhr, Piazza Porta Ravegnana*

MUSEEN

Museo Giorgio Morandi Insider Tipp

Einer der ganz großen Maler des 20. Jhs., Sohn der Stadt. *Di–So 10 bis 18 Uhr, Palazzo Comunale, Piazza Maggiore 6*

Pinacoteca Nazionale

Die Gemäldegalerie zeigt u. a. Meisterwerke der Bologneser Malerschulen vom 14. bis 18. Jh. *Di bis So 9–19 Uhr, Via delle Belle Arti 56*

ESSEN & TRINKEN

Caffè del Rosso

Gemütliche Trattoria mit typisch Bologneser Küche an einer lebhaften Ausgehstraße im Zentrum; im Sommer auch draußen unter Arkaden. *Tgl., Via Augusto Righi 30, Tel. 051 23 67 30, €*

Cantina Bentivoglio

Wein, Bier, Pasta, Käse, Jazzmusik und viele Leute, kurz: eine echte Osteria. *Mittags und Mo geschl., Via Mascarella 4 b, Tel. 051 26 54 16, €–€€*

EINKAUFEN

Die namhaften Mode- und Schuhfirmen sind in den Straßen um die Piazza Maggiore vertreten. Hinterm Archiginnasio das kulinarische Marktviertel. Fr und Sa Kleider- und Schuhmarkt am *Parco Montagnola.*

ÜBERNACHTEN

Centrale
Eine der raren Alternativen zu den superteuren Messehotels in Bologna: ordentlich, mitten in der Altstadt, bezahlbar. *20 Zi., Via della Zecca 2, Tel. 051 22 51 14, Fax 051 23 51 62, www.albergocentralebologna.it, €*

Novecento
Elegantes, neues Designhotel zentral zwischen Rathaus und Polizeipräsidium. *25 Zi., Piazza Galileo Galilei 3/4, Tel. 05 17 45 73 11, Fax 05 17 45 73 22, http://novecento.hotel-bologna.net, €€€*

AM ABEND

Viele Studentenpubs (z. B. in der *Via Zamboni*), Kneipen *(Via delle Moline, Via Mascarella, Via del Pratello* und *Le Scuderie* an der *Piazza Verdi);* im Sommer Kulturprogramm auf Plätzen und in Parks; gute Opern: *Teatro Comunale, Largo Respighi 1, Tel. 051 52 99 99, www.comunalebologna.it*

Insider Tipp

MARCO POLO Highlights »Poebene und Seen«

★ **»Abendmahl«**
Das weltberühmte Fresko von Leonardo da Vinci in Mailand (Seite 64)

★ **Baptisterium**
Die romanischen Skulpturen des Benedetto Antelami in Parma (Seite 70)

★ **Comacchio**
Die berühmte Abtei von Pomposa und die kuriose Treppontibrücke (Seite 72)

★ **Certosa di Pavia**
Künstlerisch überreiche Renaissancekartause (Seite 66)

★ **Dom von Modena**
Für Freunde romanischer Kirchen ein Muss (Seite 63)

★ **Kathedrale**
In Ferrara: Kirche und Läden in einem Bau (Seite 62)

★ **Ravenna**
Wunderbar erhaltene byzantinische Mosaiken in Mausoleum und Basilika (Seite 72)

★ **Palazzo Ducale**
Die Fresken des Andrea Mantegna im Hochzeitszimmer in Mantua (Seite 71)

★ **Santo Stefano**
Mehrere ineinander verschachtelte Kirchen in Bologna (Seite 60)

★ **Piazza Ducale**
Renaissancearkaden säumen einen der schönsten Plätze Italiens in Vigevano (Seite 67)

Balsamessig

Viele Jahre muss die Aromabombe aus Modena und Reggio Emilia reifen

Wussten Sie, dass der Konzentrationsprozess des echten Balsamessigs mindestens zwölf Jahre dauern muss, und das in Fässerbatterien aus 17 oder 18 Fässern? Wegen dieses langwierigen Verfahrens muss man für das 100-ml-Fläschchen vom echten Balsamessig, dem *aceto balsamico tradizionale* aus Modena oder Reggio Emilia, bis zu 95 Euro hinblättern. Man bekommt ihn z. B. in Modena bei *Ermes Malpighi, Via Barca 20, www.acetaiamalpighi.it.* Mehr zum faszinierenden Herstellungsprozess im *Essigmuseum (Mi 9–13, Sa/So 9–13 und 15–18 Uhr, Via Roncati 28, www.museodelbalsamicotradizionale.org)* in Spilamberto.

AUSKUNFT

Im *Hauptbahnhof* und *Piazza Maggiore 1, Tel. 051 23 96 60, Fax 05 16 47 22 53, www.bolognaturismo.info*

ZIELE IN DER UMGEBUNG

Faenza **[156 C6]**
Der Weg von Bologna an die Strände der Adria führt über Faenza (54 000 Ew.), ein traditionsreiches Zentrum schöner Kachelkeramik, mit Werkstätten und dem *Museo delle Ceramiche (Nov.–März Di–Do 9.30 bis 13.30, Fr–So 9.30–17.30 Uhr, April bis Okt. Di–So 9.30–19.30 Uhr, Viale Baccarini 19).* Keramikskulpturen, schmackhafte Gerichte und gute Weine im *Noè Vino & Cucina (Di und außer So mittags geschl., Corso Mazzini 54, Tel. 05 46 66 07 33, €€).*

Ferrara **[156 C5]**
In der flachen Landschaft des nahen Podeltas, zu der endlose Obstplantagen gehören, liegt hinter grünen Befestigungswällen Ferrara (138 000 Ew.), ehemals Sitz der Fürstenfamilie Este (14.–16. Jh.) und die schönste Renaissancestadt Norditaliens. An die rechte Flanke der romanisch-gotischen ★ *Kathedrale* mit goldenem Innenraum baute man im 15. Jh. Ladengeschäfte und Handwerksstätten an, *Loggia dei Merciai* genannt. Außerdem sind sehenswert der *Renaissancepalast Schifanoia,* einst Sommerresidenz der Este, das von Wassergräben umgebene *Castello Estense* und der berühmte *Palazzo dei Diamanti* (1492–1567), heute Sitz ausgezeichneter Kunstausstellungen.

Hier sollten Sie die typischen *cappellacci con la zucca* probieren, mit Kürbis gefüllte Teigtaschen, z. B. in der *Osteria del Ghetto (Mi-Mittag und Di geschl., Via Vittoria 26, Tel. 05 32 76 49 36, €€)* im besuchenswerten Ghettoviertel hinter der Kathedrale. Ferrara zeichnet sich aus durch schöne Hotels in alten Palazzi, z. B. *Duchessa Isabella (27 Zi., Via Palestro 70, Tel. 05 32 20 21 21, Fax 05 32 20 26 38, www.duchessaisabella.it, €€€),* und durch charmante B-&-B-Unterkünfte, z. B. *Il Giardino Fiorito (5 Zi., Via XX Settembre 79, Tel. 05 32 74 26 67, Fax 05 32 74 61 33, www.ilgiardinofiorito.net, €)*.

Modena **[156 B5]**

Hier werden die legendären Maserati und Ferrari hergestellt (im Ferrari-Museum, 17 km südlich in *Maranello,* Formel-1-Modelle und Testa Rossa: *Galleria Ferrari, tgl. 9.30 bis 18 Uhr, Via D. Ferrari 43, www.galleria.ferrari.com)*. Die Feinschmecker kennen Modena wegen des edlen *aceto balsamico tradizionale* und wegen der hervorragenden *Osteria Francescana (Sa-Mittag und So geschl., Via Stella 22, Tel. 059 21 01 18, €€€)* in der Altstadt. Für die Kunstfreunde gibt es den ★ *Dom* von Modena, ein Meisterwerk romanischer Architektur und Bildhauerkunst, sowie den eindrucksvollen *Friedhof* des Architekten Aldo Rossi im Ortsteil Madonnina, ein seltenes Beispiel zeitgenössischer Friedhofsarchitektur.

MAILAND (MILANO)

[155 D–E3] Stadt der Mode, der Finanzen, der Werbung, des Business, Hauptstadt der Lombardei und trotz ihrer nur 1,4 Mio. Ew. wohl die einzige italienische Stadt mit kosmopolitischem Großstadtcharakter. Ausführlich berichtet der MARCO POLO Band »Mailand/ Lombardei«.

SEHENSWERTES

Basilica di Sant'Ambrogio

In dieser eindrucksvollen frühchristlichen Basilika ruht der heilige Ambrosius, der Schutzpatron Mailands. Den Klosterkomplex erneuerte 1492 der berühmte Renaissancebaumeister Bramante. *Tgl. 8–12 und 13–19 Uhr, Piazza Sant'Ambrogio*

Dom

Der Duomo di Milano, die Kathedrale *Santa Maria Nascente (tgl. 7 bis 19 Uhr),* türmt sich mit heller Marmorverkleidung und zahllosen Türm-

Jahrzehntelange Reife: Modena ist die Heimat des echten aceto balsamico

Filigranes Meisterwerk aus hellem Marmor: der Mailänder Dom

chen, Statuen, Simsen wie ein gewaltiges filigranes Gebirge vor der weiten Piazza auf. Über die langwierige Baugeschichte (14.–19. Jh.) informiert das *Dommuseum (zzt. wegen Restaurierung geschl., Piazza Duomo 14)*. Von der *Dachterrasse (tgl 9–17.45 Uhr)* des Doms hat man an klaren Tagen einen tollen Rundblick auf Poebene und Alpen. *Piazza Duomo*

Galleria Vittorio Emanuele II

Von der Piazza Duomo geht es hinein in die schönste überkuppelte Einkaufsstraße Italiens, seit 1877 der Salon Mailands. *Zwischen Piazza Duomo und Piazza della Scala*

Insider Tipp **Navigli**

Von den zahlreichen Kanälen, die Mailand einst durchzogen, sind drei übrig geblieben: Naviglio Grande, Naviglio Pavese und Darsena; einst Arbeiter- und Kleingewerbeviertel, heute beliebt unter Künstlern und voller Kneipen und Restaurants. Jeden letzten So im Monat Antiquitäten-und-Trödel-Markt.

Santa Maria delle Grazie

Im Speisesaal des zu dieser schönen Renaissancekirche gehörenden Dominikanerklosters befindet sich eines der wertvollsten und empfindlichsten Kunstwerke der Welt: das ★ »Abendmahl«, von Leonardo da Vinci 1497 hier auf die Wand gemalt. *Nur nach Voranmeldung (Tel. 0039/02 89 42 11 46) Di–So 8.15 bis 19 Uhr, Piazza Santa Maria delle Grazie, www.cenacolovinciano.org*

MUSEEN

Fondazione Arnaldo Pomodoro

Sammlung und Ausstellungen zeitgenössischer Kunst in der Stiftung des namhaften Mailänder Bildhauers in einer ehemaligen Industrieanlage. *Mi–So 11–18 (Do bis 22) Uhr, Via Andrea Solari 35, www.fondazionearnaldopomodoro.it*

Pinacoteca di Brera

Die reichste unter den vielen Kunstsammlungen Mailands zeigt einige der bedeutendsten Gemälde Italiens, z. B. den »Cristo morto«

von Andrea Mantegna oder Raffaels »Lo Sposalizio« (Die Vermählung). *Di–So 8.30–19.30 Uhr, Via Brera 28*

ESSEN & TRINKEN

La Cotoletteria
Außer Pasta vor allem Koteletts, die Mailänder Spezialität, in allen Varianten, nahe dem Castello Sforzesco. *Mo geschl., Corso Garibaldi 11, Tel. 02 87 48 09, www.lacotoletteria.com,* €–€€

Cracco-Peck
Mit dem Gastronomieimperium Peck im Rücken heute das für viele beste Speiselokal Mailands. *Sa-Mittag und So geschl., Via Victor Hugo 4, Tel. 02 87 67 74, www.peck.it,* €€€

Lovenfood
Modern und mit viel Flair, gute mediterrane Küche mit asiatischem Touch. *So und mittags geschl., Via Muratori 50, Tel. 02 55 01 69 66,* €€

Trattoria del Pescatore
Beliebtes Fischlokal mit zivilen Preisen. In Mailand bekommt man Fisch oft frischer als an der Küste. *So geschl., Via Vannucci 3, Tel. 02 58 32 04 52,* €€

EINKAUFEN

Im *Triangolo d'Oro*, dem »goldenen Dreieck« von Via Monte Napoleone, Via Sant'Andrea, Via Gesù, Via Borgospesso und Via della Spiga, bieten die besten italienischen Modeschöpfer ihre sündhaft teuren Kreationen an. Das Gleiche bekommen Sie eine Saison später bei den so genannten *stocchisti* zu niedrigeren Preisen, z. B. im *Il Salvagente (Via Fratelli Bronzetti 16)* oder direkt auf der *Via Monte Napoleone* im *D Magazine Outlet (Nr. 26)*. Absolut sehenswert sind die Auslagen in Italiens schönstem Schlemmerladen: *Peck (Via Spadari 9)*

ÜBERNACHTEN

Aspromonte
Einfaches, nettes Hotel mit Frühstücksgarten. *19 Zi., Piazza Aspromonte 12/14, Tel. 022 36 11 19, Fax 022 36 76 21, www.hotelaspromonte.it,* €–€€

The Bulgari Hotel
In der Innenstadt im Modeviertel nahe der Via Monte Napoleone eine wunderbar gestylte, nagelneue Luxusoase mit Garten. *52 Zi., Via Privata Fratelli Gabba 7 b, Tel. 028 05 80 51, Fax 028 05 80 52 22, www.bulgarihotels.com,* €€€

Mondän: Modemekka Mailand

AM ABEND

Theater

Mailands legendäres Opernhaus *La Scala (Via Filodrammatici 2, Tel. 02 72 00 37 44, www.teatroallasca la.org)* wurde jüngst restauriert. Modernes Regietheater bieten das *Piccolo Teatro (Via Rovello 2)* sowie die beiden Dependancen *Teatro Strehler (Largo Greppi)* und *Teatro Studio (Via Rivoli 6). Beide Tel. 848 80 03 04, aus dem Ausland 00 39 02 57 48 08 89, www.picco loteatro.org*

Treffpunkte und Loungebars

Ausgehviertel sind Brera und Navigli, Sommerlokale öffnen in den Stadtparks Parco Lambro und Parco Sempione, angesagte, exklusive Aperitif- und Cocktailtreffs sind z. B. die *Loungebar im Hotel Diana Majestic (Viale Piave 42)* und die stimmungsvolle *Villa InnVilla (Via Pegaso 11).*

AUSKUNFT

Informationsbüros am *Domplatz,* an der *Piazza Castello (Via Marconi 1, Tel. 02 72 52 43 60, Fax 02 72 52 43 50, www.milanoinfotu rist.com)* und am *Hauptbahnhof.*

ZIELE IN DER UMGEBUNG

Bergamo [155 E2]

Über der geschäftigen Neustadt (129 000 Ew.) erhebt sich auf 370 m Höhe Bergamo Alta, die Altstadt, die man auch mit der Zahnradbahn erreicht. Zentrum ist die *Piazza Vecchia* mit ihrer herrlichen Kulisse: der *Palazzo della Ragione,* das Rathaus aus dem Jahr 1198, seitlich der *Dom* langobardischen Ursprungs, dahinter die einst romanische *Basilica Santa Maria Maggiore,* daneben die *Cappella Colleoni* mit prächtiger Marmorfassade lombardischer Frührenaissance und Gewölbefresken von Tiepolo, rechts davon das *Baptisterium.*

Schmackhafte Gerichte, leckeren Käse und ein gutes Glas Wein bekommen Sie unter einer hohen Loggia ist in der Altstadt *Donizetti (Di geschl., Via Gombito 17 a, Tel. 035 24 26 61, €).* Zum Hinterland der bergamaskischen Alpen gehören der *Lago d'Iseo,* an den sich im Süden das bekannte Weinbaugebiet Franciacorta anschließt, und im Norden die *Valcamonica (www.in vallecamonica.it).* In diesem Tal hat man bei Capo di Ponte, Nadro und Cemmo 300 000 Felszeichnungen (Insider-Tipp) eines Alpenstamms entdeckt, der hier vor ungefähr 9000 Jahren lebte.

Pavia [155 D–E3]

Die Kirche *San Michele* mit eindrucksvoller rustikaler Fassade aus hellem, warmem Sandstein geht auf die Zeit zurück, als Pavia (87 000 Ew.) Herrschaftssitz der Langobarden war (6.–8. Jh.). Ein weiterer wertvoller Sakralbau ist die lombardisch-romanische Kirche *San Pietro in Ciel d'Oro* mit sehenswerten Steinmetzarbeiten. Ganz in der Nähe beeindruckt das *Castello Visconteo,* heute *Museum (Feb. bis Nov. Di–So 10–18, Dez./Jan. 9 bis 13.30 Uhr).* Über den Fluss Ticino (Tessin), zu dem die Stadt sich hinunterneigt, führt eine überdachte Brücke.

Die große Attraktion in der Umgebung ist 10 km nördlich die architektonisch und künstlerisch überreiche Anlage der ★ *Certosa di Pavia (Di–So 9–11.30 und 14.30–18, Okt.*

bis April bis 16.30 Uhr, www.certosadipavia.com) aus dem 15. Jh. in lombardischer Renaissance. In der Kirche liegen die Visconti-Fürsten begraben, dazu Kreuzgänge, Mönchszellen und -häuschen.

Vigevano **[155 D3]**

Das Städtchen (66 000 Ew.) hat einen der schönsten Plätze Italiens, die ★ *Piazza Ducale,* entworfen von den Starkünstlern der italienischen Hochrenaissance, Donato Bramante und Leonardo da Vinci: Arkaden im Frührenaissancestil, Dom aus dem 16. Jh., ein Castello Visconteo und einladende Cafés. In alter Tradition lebt die Stadt von und mit Schuhen. Dazu gibt es sogar ein Museum: *Museo della Calzatura, Di–So 10 bis 13 und 14–17.30 Uhr*

OBERITALIENISCHE SEEN

Auf der Südseite der Alpen schneiden sich die Seen fjordartig und wildromantisch zwischen die steilen, dicht bewaldeten Hänge des sich zur Ebene öffnenden Alpensaums. Das Klima wird mild, die Vegetation üppig und mediterran. Prächtige Villen in Parkanlagen und hübsche alte Städtchen an den Ufern bezeugen, dass es sich hier seit jeher gut leben lässt. Gerade in den letzten Jahren liegen sie wieder im Trend – so residieren am Comer See George Clooney und Michael Schumacher, und am Lago Maggiore suchen Stardirigent Claudio Abbado und die Benetton-Familie Muße. Die MARCO POLO Bände »Oberitalienische Seen« und »Gardasee« berichten ausführlich.

Comer See (Lago di Como) **[155 E2]**

Bedeutendes urbanes Zentrum ist das uralte Städtchen *Como* (95 000 Ew.) am äußersten Südwestzipfel mit seiner eleganten Architektur der Jahrhundertwende, einem mittelalterlichen Zentrum und römischen Resten. Zwei lombardisch-romanische Kirchen, *San Fedele* und *Sant'Abbondio* (beide 11. Jh.), und der prächtige *Dom* in lombardischer Frührenaissance sind Beispiele der im Mittelalter in ganz Europa berühmten lombardischen Steinmetzkunst. Heute ist Como weltberühmt für seine Seidenindustrie.

Vom See führen immer wieder Serpentinensträßchen hinauf in die Berge, die herrliche Ausblicke ermöglichen, z. B. vom *Monte Bisbino* (1325 m) oberhalb von *Cernobbio.* Von Sala Comacina oder vom Nachbarort Ossuccio aus gelangen Sie aufs pittoreske Inselchen im See, die *Isola Comacina.* Die Ufer sind mit Fährschiffen untereinander verbunden, die schönsten Orte sind *Varenna* am Ostufer und das bezaubernde *Bellagio* mit seinen verwinkelten Treppengassen an der Gabelung des Sees.

Gardasee (Lago di Garda) **[156 B3]**

An diesem größten italienischen See (370 km², 51,6 km lang und bis zu 346 m tief) beginnt für Nordländer der Süden: Das mediterrane Klima erlaubt den Anbau von Zitrusfrüchten und Oliven. Der 2218 m hohe *Monte Baldo,* der den See auf seiner Ostseite begrenzt, ist eines der pflanzenreichsten Gebiete Europas. Von Malcesine führt eine Seilbahn auf den Berg. Spektakuläre Landschaftserlebnisse bieten die

Das pittoreske Limone: touristische Hochburg am nordwestlichen Gardasee

Bergstraßen am oberen See oder die *Gardesana Occidentale,* die Küstenstraße am westlichen Ufer, zwischen Gargnano und Limone.

Die Nordspitze des Sees beherrschen das exklusive Städtchen *Riva del Garda* (13 000 Ew.) mit halb mitteleuropäischem, halb mediterranem Flair, einer verwinkelten Altstadt und eleganten Hotels – etwa das schicke, neue *Feeling Hotel Luise (67 Zi., Viale Rovereto 9, Tel./Fax 04 64 55 08 58, www.hotelluise.com, €–€€)* mit Pool, gutem Service und phantasievoller Küche – sowie das Windsurferparadies *Torbole.*

Am Ostufer zeugen die Burgen der Veroneser Scaliger von deren Herrschaft im 13. und 14. Jh. über das Seegebiet. Am eindrucksvollsten liegt auf steilem Felssporn über dem See die *Burg* von *Malcesine.* Im hübschen Uferort gibt es fein zubereiteten Fisch aus dem See in der alteingesessenen *Osteria della Rosa (So-Abend und Mo geschl., Piazzetta Boccara 5, Tel. 04 56 57 07 83, €€).* Ein besonders schöner Flecken am See ist die kleine Landzunge *Punta San Vigilio* mit gepflegtem Strandbad in einem Olivenhain. In *Bardolino* – so heißt auch der Rotwein, der hier gedeiht – versteckt sich in einem Innenhof das uralte karolingische Kirchlein (9. Jh.) *San Zeno (Via San Zeno 13–15).*

Das Ufer der Lombardei erstreckt sich am südwestlichen Teil des Sees: Vor der Spitze der Halbinsel von *Sirmione* (4000 Ew.) liegen auf einem winzigen Inselchen die mächtige Scaligerburg und das malerische alte Zentrum Sirmiones, meistbesuchter Flecken am See. In Sirmione gibt es renommierte Thermalquellen und prächtige Luxusherbergen. An der Spitze der Halbinsel liegen die imposanten Ruinen einer römischen Villa, die *Grotte di Catullo (Nov.–Feb. Di–So 8.30–17 Uhr, März–Okt. 8.30–19 Uhr). Desenzano* (19 000 Ew.) bietet mit zahlreichen Diskotheken das aufregendste Nachtleben am See.

Oberhalb von *Gardone Riviera* lohnt ein Besuch des *Vittoriale degli Italiani,* eines schön gelegenen Häuserkomplexes, von 1921 bis 1938 die schwülstig-skurrile Residenz des umstrittenen und exzentrischen Poeten Gabriele D'Annunzio *(Okt. bis März tgl. 9–17 Uhr, April–Sept. 8.30–20 Uhr, www.vittoriale.it)*. Ein ganz anderer Poet, André Heller, hat sich des sehenswerten hiesigen *botanischen Gartens (März–Okt. tgl. 9–19 Uhr, www.hellergarden.com)* angenommen. Das touristisch hoch beliebte Uferstädtchen *Limone* erinnert an die einstigen Zitronenplantagen im milden Seeklima.

Lago Maggiore **[155 D2]**
Cannobio, das erste Städtchen auf italienischer Seite am Westufer, hat eine beschauliche Altstadt mit Seeblick, in der Sie die charmante B-&-B-Unterkunft *Casa Arizzoli (4 Zi., Via Giovanola 92, Tel./Fax 032 37 20 01, www.casa-arizzoli.com, €)* finden. Der imposante *Mottarone* (1491 m) erhebt sich hinter Stresa, den Gipfel mit sehenswertem *Giardino Botanico* erreicht man mit einer Seilbahn. Schöne Villen und Hotels im Belle-Époque-Stil liegen inmitten herrlicher Parks wie auch an der Uferpromenade *Lungolago* im mondänen Hauptort *Stresa* (5000 Ew.). Der Promenade gegenüber liegen die drei zauberhaften Borromäischen Inseln, allen voran die barocke *Isola Bella* mit Palazzo, raffiniertem Terrassengarten und Hafenviertel. Auf der *Isola Madre* gedeiht ein üppiger botanischer Garten. Die lange, schmale *Isola dei Pescatori* hingegen blieb dem Volk, den Fischern, bis heute. Eine wunderschöne B-&-B-Adresse ist *Villa La Camana (3 Zi., Via per Gignese 10, Tel. 032 33 15 53, villalacamana@libero.it, €€)* mit Park und herrlichem Seeblick im nahen Dorf *Vedasco*.

Palazzi, Gärten und eine schöne Promenade gibt es auch in *Pallanza*, einem Ortsteil von Verbania, der größten Stadt am See, Hier lohnt vor allem die herrliche Gartenanlage der *Villa Taranto (April–Okt. tgl. 8.30 bis 18.30 Uhr, www.villataranto.it)* einen Besuch.

Den weiträumigsten Sandstrand finden Sie am *Lido di Monvalle*. Auf einem Felssporn schiebt sich die *Rocca von Angera (März–Okt. tgl. 9 bis 17 Uhr)* aus dem 13. Jh. in den See.

Ortasee (Lago d'Orta) **[155 D2]**
Längst kein Geheimtipp mehr ist der kleine, beschauliche piemontesische Lago d'Orta, eingebettet in dunkelgrün bewaldete Hänge, an denen pittoreske Dörfchen liegen. Der Hauptort am See, *Orta San Giulio* (1000 Ew.), bietet sehenswerte Kirchen, Barockvillen und ein Renaissancerathaus mit bemalter Fassade. Von der Piazza hat man einen herrlichen Blick auf die kleine Insel San Giulio. Oberhalb des Orts liegt der Wallfahrtsort *Sacro Monte* mit barockem Figurentheater. Insider Tipp Bei Omegna im Norden des Sees bekommt man im *Werksverkauf von Alessi (Mo-Vormittag und So geschl., Crusinallo di Omegna, www.alessi.it)* die schicken Küchengeräte der italienischen Designmarke.

PARMA

[155 F4] An der einstigen Römerstraße Via Aemilia liegt diese wohlhabende Stadt (190 000 Ew.) inmitten fruchtbarer Agrarlandschaft, Sitz der Firma Barilla, der größten Nudelfabrik Europas, sowie Ort musikalischer Leidenschaften: Arturo Toscanini, vor allem aber Italiens berühmtestem Opernkomponisten Giuseppe Verdi, geboren im Bauerndorf Busseto unweit Parmas und Anlass eines regelrechten Kults, sind Fanclubs und ein Festival gewidmet. Ausführliche Informationen im MARCO POLO »Emilia-Romagna«.

SEHENSWERTES

Dom und Baptisterium
Die Kuppel dieser romanischen Pfeilerbasilika mit gotischem Campanile bemalte 1530 der lokale Meister Correggio. Von Benedetto Antelami, einem der größten Bildhauer der Romanik, stammen die Skulpturen und Reliefs im fein strukturierten, romanisch-gotischen ★ Baptisterium. *Tgl. 9–12.30 und 15–18.30 Uhr, Piazza del Duomo*

Palazzo della Pilotta
In dem Palast finden sich u. a. die lohnende *Pinacoteca Galleria Nazionale* mit Werken von Bellini und Correggio und das berühmte originale *Teatro Farnese* von 1618, mit 4500 Plätzen damals größtes Theater der Welt. *Di–So 8.30–13.45 Uhr, Piazza Pilotta*

San Giovanni Evangelista
Zum Kloster mit schönen Kreuzgängen gehört die original eingerichtete *Storica Farmacia (Di–So 8–13.45 Uhr)*, eine 1201 von Benediktinern gegründete Apotheke. *Tgl. 8.30–12 und 15–18 Uhr, Piazzale San Giovanni*

ESSEN & TRINKEN

Enoteca Fontana
Zentral gelegen, beliebtes Lokal für Parmas Schinken- und Käsespezialitäten zum guten Glas Wein. *So/Mo geschl., Via Farini 24 a, Tel. 05 21 28 60 37, €*

Parizzi
Einst eine Wurstmetzgerei, heute eines der besten Restaurants der Stadt. *Mo geschl., Via Repubblica 71, Tel. 05 21 28 59 52, €€–€€€*

EINKAUFEN

Es empfiehlt sich ein Besuch in einem Delikatessengeschäft: zarter, würziger Parmaschinken, die Schinkenwurst *culatello*, die *coppa* (Schinken vom Schweinenacken) oder frischer, echter Parmesan, der Parmigiano-Reggiano.

ÜBERNACHTEN

Torino
Sympathisches Frühstückshotel in der Altstadt mit Garage. *33 Zi., Borgo Mazza 7, Tel. 05 21 28 10 46, Fax 05 21 23 07 25, www.hotel-torino.it, €€*

AUSKUNFT

Via Melloni 1 a, Tel. 05 21 21 88 89, Fax 05 21 23 47 35, turismo.comune.parma.it

ZIELE IN DER UMGEBUNG

Cremona **[155 E–F3]**
Die Stadt (83 000 Ew.) der weltbesten Geigenbauer steht ganz in der Tradition ihres Meisters Antonio Stradivari (zahlreiche Werkstätten, *Stradivari-Museum, Geigenmuseum*). Das Herz Cremonas bildet die wunderbare mittelalterliche *Piazza del Comune* mit dem *Rathaus*, dem *Dom* romanischen Ursprungs mit

schönen Steinmetzarbeiten, flämischen Wandteppichen und Freskenmalerei, der achteckigen Taufkapelle und dem *Torrazzo* aus Backstein, Italiens höchstem Glockenturm (111 m, 13.–16. Jh.). Unweit des Turms bekommt man im *La Sosta (So-Abend und Mo geschl., Via Sicardo 9, Tel. 03 72 45 66 56, €–€€)* zu Fleisch und Käse die für Cremona typische *mostarda,* eine senfscharfe Fruchtsauce.

Mantua (Mantova) **[155 F3]**
Mantua (62 000 Ew.), einst Sitz des ehrgeizigen Herzogsgeschlechts der Gonzaga (1328–1708), lappt wie eine Halbinsel in die Wasser des Mincio, der hier eine Seenlandschaft bildet, deren Vegetations- und Vogelreichtum man auf geführten Bootsfahrten erkunden kann *(Abfahrt an der Brücke San Giorgio).* Insider Tipp

Der häufig in Nebel getauchte Stadtkern entfaltet sich an drei aufeinander folgenden Plätzen: Piazza Mantegna mit der Kirche *Sant'Andrea,* Frührenaissance und Barockelemente, Piazza Erbe mit *Uhrturm,* einem romanischen *Rundkirchlein* und dem *Palazzo della Ragione* (ursprünglich 13. Jh.) sowie guten Restaurants, wo man im Sommer draußen bei Windlichtern herrlich romantisch speist. Schließlich die Piazza Sordello mit dem *Dom* im Barockgewand, dem *Bischofspalast* und dem mächtigen ★ *Palazzo Ducale;* dahinter schließt das *Kastell San Giorgio* an. Diese Gemäuer hüten einzigartige Kunstschätze: im *Appartamento degli Arazzi* die mit (nach Entwürfen Rafaels gewebten) flämischen Wandteppichen ausgehängten Säle, vor allem aber die *Camera degli Sposi,* die Hochzeitskammer mit der wunderbaren Freskenausmalung des Andrea Mantegna von 1474 *(Di–So 9–19.15 Uhr, für die Camera degli Sposi vorher anmelden, Tel. 04 12 41 18 97).* Am südlichen Stadtrand liegt das Lustschloss der Gonzaga, der *Palazzo del Tè (Di–So 9–18, Mo 13–18 Uhr).*

Man isst sehr gut in Mantua, eine Spezialität ist geschmorter Eselsbraten, etwa in der *Trattoria Due Cavallini (Di geschl., Via Salnitro 5, Tel. 03 76 32 20 84, €).*

Ein Ausflugsziel 35 km südwestlich von Mantua ist das Renaissancestädtchen Sabbioneta *(www.comune.sabbioneta.mn.it),* der Traumentwurf des Gonzaga-Fürsten Vespasian. Insider Tipp

Piacenza **[155 E3]**
Diese freundliche alte Provinzstadt (109 000 Ew.) liegt landschaftlich schön zwischen der Poebene und den Nordausläufern des Apennins. Eine Befestigungsmauer aus dem 16. Jh., die großzügige Alleen begleiten, umschließt das gut erhaltene mittelalterliche Zentrum mit der *Piazza dei Cavalli,* die zwei prächtige Barockpferde zieren. Höhepunkt an der Piazza ist der imposante *Palazzo Gotico* von 1280, der in seinen Proportionen vielen italienischen Rathäusern des Mittelalters als Vorbild diente. Hier speist man sehr gut in der *Antica Osteria del Teatro (So/Mo geschl., Via Verdi 16, Tel. 05 23 32 37 77, €€€).*

ROMAGNAKÜSTE

[157 D 1–3] Ein Höhepunkt menschlichen Kunstschaffens – Ravenna –, Inbegriff ausgelassener Sommerfrische – Rimini und die anderen

Ein Puzzle aus byzantinischer Zeit: Mosaik im Galla-Placidia-Mausoleum

Adriabäder –, zwischen diesen beiden Extremen bewegt sich die meerzugewandte Seite der Romagna. Hinzu kommen im hügeligen Hinterland (schöne Wandergebiete) kleine, malerische Ortschaften, in denen man oft sehr viel besser essen kann als im Massenbetrieb an der Küste. Ausführliche Informationen finden Sie im MARCO POLO Band »Italienische Adria«.

Comacchio **[157 D5]**

★ Ein Lagunenstädtchen (21 000 Ew.) mit bunten Fischerhäusern und Palazzi auf 13 Inseln in der Deltalandschaft des Po und anderer kleiner Flüsse. Ein geniales Bauwerk ist die *Treppontibrücke* (17. Jh.), die mit ihren schwungvollen Treppen auf fünf Wegen zur Überquerung von vier Kanälen verhilft. Eine Fahrt über den Damm von Comacchio nach Anita d'Argenta veranschaulicht die seit den Etruskern unternommenen Bemühungen der Urbarmachung dieser weiten Au- und Sumpflandschaft des Podeltas. Zu den wenigen Restaurants mit typischen Gerichten der Gegend wie Aalrisotto zählt die Trattoria *Da Vasco e Giulia (Mo geschl., Via Muratori 21, Tel. 053 38 12 52, €€)* bei der Treppontibrücke. Bootsfahrten durchs Delta starten von *Gorino (Freccia del Delta, Tel. 05 33 99 98 17)* und von *Porto Garibaldi (Albatros, Tel. 05 33 32 50 10). www.ildeltadelpo.it* Insider Tipp

20 km nördlich von Comacchio liegt die grandiose *Abbazia di Pomposa,* eine benediktinische Klosteranlage aus dem 7. Jh. Die Basilika (8./9. Jh.) im Stil Ravennas zieren ein wunderbares Fußbodenmosaik und Fresken aus dem 14. Jh.

Ravenna **[157 D5]**

★ Einst lag Ravenna (137 000 Ew.) wie Venedig am Meer, eine Lagunenstadt; das Meer zog sich zurück, heute schafft ein 10 km langer Kanal die Verbindung. Die Stadt birgt großartige Zeugnisse frühchristlicher Kultur: Ab dem 5. Jh. war sie für 300 Jahre Zentrum der Macht in der Folge der Auflösung des römischen Imperiums. Aus dieser Zeit stammen das mit blaugoldenen Mosaiken ausgeschmückte *Mausoleo di Galla Placidia* sowie das kostbar ausgelegte *Baptisterium des Bischofs Neon,* aus der Zeit des Ostgotenkönigs Theoderich (493–526) das trutzige, aus Steinquadern mörtellos zusammengesetzte *Mausoleo di Teodorico* im Nordosten Ravennas und der grandiose Sakralbau *Sant'Apollinare Nuovo* (um 500).

Im 6.–8. Jh., der Zeit als Hauptstadt des byzantinischen Italiens, entstanden die achteckige Basilika *San Vitale* (547 geweiht) und die Basilika *Sant'Apollinare* (5 km südlich in Classe), beide mit herrlichen mosaikgeschmückten Innenräumen. Die Mosaiklegekunst ist zu einer Tradition Ravennas geworden, mit Werkstätten und Schulen.

Ein Lokal mitten in Ravenna, wo Besucher wie auch Einheimische gern und gut essen, ist *La Gardèla (Do geschl., Via Ponte Marino 3, Tel. 05 44 21 71 47, €).*

Rimini und Umgebung **[157 D5–6]**

In der europäischen Metropole des Strandurlaubs leben in der Sommersaison 650 000 Menschen – das Fünffache der 130 000 Einwohner. Vom römischen Ariminum ist noch der schöne Triumphbogen *Arco d'Augusto* von 27 v. Chr. zu sehen; der *Corso Augusto* führt über die gut erhaltene Brücke des Tiberius in den pittoresken Stadtteil San Giuliano. In der netten *Trattoria Osteria de Börg (Mo geschl., Via Forzieri 12, Tel. 054 15 60 74, €–€€)* bekommt man freitags auf Bestellung den *brodetto di pesce,* die lokale Fischsuppe. Aus dem Mittelalter sind die Palazzi um die *Piazza Cavour* und der *Tempio Malatestiano,* den die Rimineser Fürstenfamilie im Frührenaissancestil umbauen ließ.

Im Süden folgt *Riccione* (32 000 Ew.), einst großbürgerliches Strandbad mit Villen in schönen Parkanlagen, heute Modetrendsetter der Küste mit den schicksten und verrücktesten Geschäften und den heißesten Diskotheken. *Cattolica* gilt als besonders familien- und behindertenfreundlich.

Im Norden Riminis schließen Strandbäder mit endlosen Ketten von Hotelbauten an: so *Cesenatico,* das mit einem malerischen Fischerhafen aufwartet. Insider Tipp *Cervia* ist eher volkstümlich mit altem Hafenviertel und Salinen, in denen schon die Etrusker Salz gewannen (heute Naturreservat). *Milano Marittima* hingegen ist der vielleicht edelste Badeort mit pinienumstandenen Villen und gepflegten Hotels.

Im hügeligen Hinterland lohnen Ausflüge, z. B. im Juli zum internationalen Festival alternativer Theatergruppen Insider Tipp im mittelalterlichen *Santarcangelo di Romagna.*

San Marino **[157 D6]**

Die älteste Republik Europas (25 000 Ew.), gegründet im 9. Jh., ist 61 km² groß. Die mittelalterliche Hauptstadt liegt, umrahmt von Mauern und Kastellen, auf dem Monte Titano (749 m), beliebtes Ausflugsziel der Münzen- und Briefmarkensammler.

An der Adria: Baywatch all'italiana

Toskana, Umbrien, Marken

Sanfte Hügel und kostbare Städte von Küste zu Küste

Unterwegs im Reich des Chianti

Man nennt sie auch die drei Schwestern. Sie bilden die Mittelgebirgslandschaft zwischen der ligurisch-tyrrhenischen Küste im Westen und der Adriaküste im Osten, quer über den Stiefelschaft Italiens. Gemeinsam ist ihnen ein Gefühl für harmonische Proportionen. Sie haben schöne, von Mittelalter und Renaissance geprägte Städte wie Florenz, Siena, Pisa, Lucca in der Toskana, wie Perugia, Gubbio, Assisi, Orvieto, Todi in Umbrien und wie Urbino und Ascoli Piceno in den Marken. Hinzu kommen vielfältige Landschaften: die Apuanischen Alpen, die die Toskana von Ligurien und der Poebene trennen und die den weißen Marmor von Carrara liefern; dann die von Pinienwäldern begleitete tyrrhenische Küste, die aschfahlen Lehmberge südlich von Siena oder der dunkel bewaldete Vulkanberg Monte Amiata an der Grenze zum Latium; das hügelig gewellte Umbrien ohne Küsten, das dank seiner dichten Wälder auch das grüne Herz Italiens genannt wird und erfolgreicher Mitstreiter um die Gunst der Toskanafraktion ist; schließlich die Marken, deren fruchtbares, buntes Hügelland aus Weinterrassen, Weizen- und Maisfeldern und Äckern mit Flachs, Sonnenblumen und saftig grünem Futterklee hinunterfällt zur Adriaküste mit ihren flachen Sand- und Kieselstränden.

Der Campanile des Florentiner Doms entstand unter der Regie von Giotto, dem Begründer der italienischen Malerei der Neuzeit

FLORENZ (FIRENZE)

[158 B1] Sie ist die kunstreichste Stadt Europas, reich an unvergleichlich kostbaren Bauten, Monumenten, Skulpturen und Malereien. Einst römisch, wird sie im Mittelalter Zentrum der Mark Toskana, und ab dem 14. Jh. bestimmt die mächtige Familie Medici ihr politisches und kulturelles Schicksal, das seinen Höhepunkt in der Renaissance findet. 1256 war hier Dante zur Welt gekommen, seine Dichtersprache wurde Grundlage für die gesamtitalienische Sprache. Die Hauptstadt der Toskana bewohnen heute gut 400 000 Menschen, die alljährlich den Ansturm von Millionen von Besuchern verkraften müssen. Mehr dazu im MARCO POLO Band »Florenz«.

SEHENSWERTES

Dom mit Baptisterium

★ Künstlerischer Höhepunkt des Baptisteriums, der 1059 geweihten, achteckigenTaufkirche, sind die Eingangsportale, der Südeingang von Andrea Pisano, die Nord- und Ostportale von Lorenzo Ghiberti. Mit dem Bau des Doms, des viertgrößten christlichen Gotteshauses, begann man 1296, die mächtige, 25 000 t schwere Kuppel kam erst 1420–34 dazu. Sie baute Filippo Brunelleschi, der in die Kunstgeschichte als Wegbereiter der Renaissanceformsprache einging. Und kein Geringerer als Giotto baute den Kirchturm. *Baptisterium: Mo–Sa 12 bis 19, So 8.30–14 Uhr; Dom Mo bis Mi und Fr 10–17, Do 10–15.30, Sa 10–16.45, So 13.30–16.45 Uhr; Kuppel Mo–Fr 8.30–19, Sa 8.30 bis 17.40 Uhr; Campanile tgl. 8.30 bis 19.30 Uhr; Museo dell'Opera del Duomo Mo–Sa 9–19.30, So 9 bis 13.40 Uhr, Piazza Duomo 9*

Palazzo Pitti/Giardino di Boboli

Dieser gigantische Palast auf der linken Arnoseite entstand 1457 nach Plänen von Brunelleschi. Heute beherbergen die prächtigen Räumlichkeiten des Palazzos und seiner Nebengebäude zahlreiche wertvolle Museen. Erholen kann man sich anschließend im Barockpark *Giardino di Boboli (tgl. 8.15 Uhr–Sonnenuntergang, erster und letzter Mo des Monats geschl., Eintritt).*

Piazza della Signoria

Seit 700 Jahren städtischer Mittelpunkt: Im gotischen *Palazzo Vecchio* tagt noch heute die Stadtverwaltung. Weltberühmte Skulpturen schmücken die Piazza wie der David des Michelangelo (Kopie, Original im Museum *Galleria dell'Accademia, Di–So 8.15–18.50 Uhr*), die Figurengruppen (Kopien) von Giambologna und Cellini unter der *Loggia dei Lanzi*, der *Neptunsbrunnen* von Bartolomeo Ammanati (1576), dazu Cafés zum Ausruhen.

Ponte Vecchio

Die berühmteste Brücke Italiens mit zahlreichen Goldschmiedeläden (seit dem 16. Jh.) verbindet die Herrschaftspaläste Palazzo Vecchio und Palazzo Pitti.

San Lorenzo

Für ihre Renaissancekirche rief die Medici-Familie die Besten: Filippo Brunelleschi als Architekten, die Bildhauer Donatello (Schmuckmedaillons und Bronzetüren) und Michelangelo (die berühmten Medici-Gräber in der Sacrestia Nuova). *Cappelle Medicee Mo–Sa 8.15 bis 16.50, So 8.15–18.50 Uhr, 2. und 4. So sowie 1., 3. und 5. Mo im Monat geschl., Eingang Piazza Madonna degli Aldobrandini*

MUSEEN

Galleria degli Uffizi

In diesem gewaltigen Gebäudekomplex befindet sich eine der bedeutendsten Gemäldesammlungen der

Welt, mit Spitzenwerken der europäischen Malerei vom 13. bis 18. Jh. – ein Muss für alle Kunstfreunde. *Di–So 8.15–18.50 Uhr, im Sommer verlängerte Zeiten, in der Hochsaison ist Voranmeldung ratsam (Tel. 055 29 48 83, www.polomuseale.firenze.it), Loggiato degli Uffizi (bei der Piazza della Signoria)*

Museo Nazionale del Bargello
In diesem festungsähnlichen Palast aus dem 13. Jh. ist die Kunst der Bildhauer der Renaissance und des 16. Jhs. ausgestellt: Zu sehen sind Werke von Donatello, Michelangelo, Giambologna u. a. *Tgl. 8.15 bis 13.50 Uhr, 1., 3., 5. So und 2. und 4. Mo im Monat geschl. Via del Proconsolo 4*

ESSEN & TRINKEN

Il Cibreo
Ein regelrechtes Imperium toskanischer Küche: im Spitzenrestaurant (*Cibreo,* €€€), in der rustikalen Trattoria (*Cibreino,* €–€€), im *Caffè. Alle So/Mo geschl., Via del Verrocchio/Via dei Macci 118/122, Tel. 05 52 34 11 00*

Frescobaldi Wine-Bar
Perfekte Ergänzung zum Risotto mit Täubchen: die Weine der berühmten toskanischen Winzer Frescobaldi. Man sitzt nett, und teuer ist es auch nicht. *Mo-Mittag und So geschl., Via de' Magazzini 2–4 r, Tel. 055 28 47 24, www.frescobaldiwinebar.it,* €

Marco Polo Highlights »Die Mitte Italiens«

★ **Apuanische Alpen**
Die weißen Marmorbrüche von Carrara (Seite 91)

★ **Ascoli Piceno**
Eine Stadtperle in den Marken (Seite 80)

★ **Dom mit Baptisterium**
Besuch des Doms und auf die Kuppel hinauf – das Mindeste in Florenz (Seite 76)

★ **Piazza del Campo**
Ist Sienas muschelförmige Piazza der schönste Platz der Welt? (Seite 87)

★ **Campo dei Miracoli**
Der Schiefe Turm steht auf dem »Feld der Wunder« in Pisa (Seite 91)

★ **Basilica di San Francesco**
Fresken von Giotto und Cimabue in der Kirche des hl. Franz in Assisi (Seite 83)

★ **Lucca**
Intakte Altstadt mit Festungsring (Seite 79)

★ **San Gimignano**
Das »Manhattan des Mittelalters« (Seite 89)

★ **Dom Santa Maria**
Der Dom von Orvieto ist eine der elegantesten Kirchen Italiens (Seite 86)

★ **Urbino**
Das Studentenstädtchen: ein Gesamtkunstwerk aus der Renaissance (Seite 82)

Mario
Eine unter Einheimischen beliebte, lebhafte Trattoria nahe beim Mercato Centrale. *So und abends geschl., Via Rosina 2 r, Tel. 055 21 85 50, www.trattoriamario.com, €*

EINKAUFEN

Die großen Modenamen finden sich an der *Via Tornabuoni* und *Borgo Ognissanti.* Wesentlich preiswerter ist der Kleider- und Lederwarenmarkt *Mercato San Lorenzo (Mo–Sa 8–19 Uhr, Jan./Feb. Mo geschl.)* um die gleichnamige Basilika. Ein Tipp: Rosenwasser, Veilchenpulver etc. in der historischen *Officina Profumo-Farmaceutica (Via della Scala 16)* an der Kirche Santa Maria Novella. Insider Tipp

ÜBERNACHTEN

Hotel Emma
Nettes Hotel in Fußnähe zum Zentrum, mit Frühstücksterrasse. *8 Zi., Via Pacinotti 10, Tel./Fax 055 57 59 01, www.hotelemma.net, €–€€*

Hotel Ville sull'Arno
Eine klassische Villa am Arno. Clou ist ein Pool im Garten. *47 Zi., Lungarno Colombo 5, Tel. 055 67 09 71, Fax 055 67 82 44, www.hotelvillesullarno.com, €€–€€€*

AUSKUNFT

Via Cavour 1 r, Tel. 055 29 08 32, Fax 05 52 76 03 83, www.firenzeturismo.it

ZIELE IN DER UMGEBUNG

Arezzo **[158 C1]**
Die Etruskergründung (95 000 Ew.) 75 km südöstlich von Florenz war seit dem 3. Jh. v. Chr. römisch, dann eine mittelalterliche Stadtrepublik. Heute interessieren die Besucher die Fresken des Piero della Francesca im Hauptchor der mächtigen *Basilica San Francesco (Besuch anmelden, Kasse oder Tel. 05 75 30 20 01, Mo–Fr 9–18.30, Sa 9–17.30, So 13–17.30 Uhr, www.pierodellafrancesca.it,),* die romanische *Pieve di Santa Maria* am zentralen Corso Italia mit ihrem *Campanile delle Cento Buche,* Turm der 100 Löcher genannt, obwohl er nur 40 Doppelbogenfenster hat, und der namhafte *Antiquitätenmarkt* am ersten Wochenende im Monat auf der schönen Piazza Grande mit den von Giorgio Vasari entworfenen Loggien. Zum Aufenthalt über Nacht eignet sich das neue, wunderschön eingerichtete *Hotel Vogue (26 Zi., Via Guido Monaco 54, Tel. 057 52 43 61, Fax 057 52 43 62, www.voguehotel.it, €€)* im Zentrum. Insider Tipp

Casentino **[158 C1]**
Im Norden Arezzos verstecken sich in der Bergwelt des Casentino sehenswerte *Klöster* wie das der Kamaldulenser bei *Camaldoli,* in dem heute noch Mönche leben, wie die Klosteranlage *La Verna* aus dem 13. Jh. oder das *Benediktinerkloster Vallombrosa.* Im Osten Arezzos gelangt man ins Tibertal: etwa nach *Monterchi* mit dem berühmten Fresko »Madonna del Parto« von Piero della Francesca.

Chianatal **[158 C2]**
Im Süden von Arezzo breitet sich das Chianatal aus, von hier stammen die weißen Chianarinder, die das Fleisch für die *fiorentina* liefern. Auf dem Hügelsaum dieser Ebene

mittelalterliche Festungsstädtchen, vor allem das herrlich gelegene *Cortona,* einst eine bedeutende Etruskersiedlung. In *Chiusi* lohnt ein sehenswertes *Museo Archeologico (tgl. 9–19.30 Uhr).* Unter dem Restaurant *La Zaira (Mo geschl., Via Arunte 12, Tel. 057 82 02 60, €€)* zeigt der Wirt den Gästen gern seine Weinkeller in etruskischen Gewölben.

Chianti **[158 B1–2]**
Im Süden von Florenz erstreckt sich bis nach Siena diese wald- und rebenreiche Mittelgebirgslandschaft mit hübschen Ortschaften wie Greve mit seiner arkadengesäumten Piazza. Überall liegen burgartige Höfe und Weingüter, die den Chianti keltern. Auch gutes Olivenöl findet man hier. Das Chianti bietet heute Ferienaufenthalte in restaurierten Bauernhöfen und Weingütern an.

Lucca **[158 A1]**
★ Den Beinamen »Italiens größtes Freilichtmuseum« hat Lucca (91 000 Ew.) verdient: ein vollständig intakter Festungsring aus dem 16. Jh. umgibt die gepflegte Altstadt mit ihren vielen Schätzen wie dem Dom *San Martino* (6./13. Jh.) mit dem bezaubernden Marmorgrabmal der Ilaria del Carretto von Jacopo della Quercia (1408) oder der ovalen *Piazza del Mercato,* wo sich mittelalterliche Häuser in ein römisches Amphitheater eingenistet haben. Von der bepflanzten *Torre Guinigi* sieht man bis zur Garfagnana, einem schönen Ausflugs- und Wandergebiet im Norden Luccas. Ein Tipp: die Kamelienblüte im Frühjahr in den Gärten alter Villen. Insider Tipp

Medici-Villen **[158 B1]**
Zwischen Florenz und Pistoia stehen prächtige Medici-Villen, etwa die *Villa Medicea La Ferdinanda* in Artimino bei Carmignano und die *Villa Medicea Ambra* bei Poggio a Caiano. *Auskunft über die variierenden Besichtigungszeiten bei der Touristeninformation Florenz*

MARKEN (MARCHE)

Der MARCO POLO Band »Italienische Adria« berichtet ausführlich über die Marken.

Hier wächst zusammen, was zusammengehört: Sangiovese + Canaiolo = Chianti

Adriabäder **[159 D–E 1–2]**
Längs der meist flachen, vom Badetourismus sehr gut erschlossenen Küste der Marken liegen zahlreiche Seebäder wie das lebhafte *Gabicce Mare* (mit den meisten Diskotheken und einem kuriosen Festival der Liebe im Juli), *Senigallia* mit den meisten Gästebetten und eindrucksvoller neoklassizistischer Marktanlage oder das südliche *San Benedetto del Tronto* mit Yachthafen und Palmenpromenaden. Viele Orte sind zweigeteilt in ein mittelalterliches Hügelstädtchen und eine moderne Küstendependance, z. B. *Civitanova Marche, Cupra Marittima* oder *Grottammare.*

Ein altehrwürdiges Hafenstädtchen direkt am Meer ist *Fano* mit malerischer Altstadt, römischen Resten einer Burg und Palazzi. Von hier aus geht es nach *Cartoceto,* 18 km im Landesinneren, berühmt für sein exzellentes Olivenöl und für eines der besten Restaurants Italiens: *Symposium, Mo/Di geschl., Via Cartoceto 38, Tel. 07 21 89 83 20, www.symposium4stagioni.it,* €€€

Ancona **[159 E1]**
Diese bedeutendste Hafenstadt (106 000 Ew.) an der mittleren Adria ist Hauptstadt der Marken und ein wichtiger Hafen für die Fährschiffe nach Griechenland. Der Hafen und das Stadtinnere bieten einige schöne Plätze mit Kirchen und Palazzi (14./15. Jh.) und der Bummelmeile *Corso Mazzini.* An der äußeren Landspitze des Hafens baute man 115 n. Chr. den *Arco di Traiano* zu Ehren Kaiser Trajans. Hier erhebt sich auch der *Monte Guasco,* auf dem das Wahrzeichen der Stadt, der prächtige romanisch-gotische *Dom San Ciriaco,* auf römischen und frühchristlichen Resten errichtet wurde. In der südwestlichen Einbuchtung des Hafens liegt die eindrucksvolle Lazarettanlage von 1789.

Ascoli Piceno **[159 E2–3]**
★ Vor der mächtigen Bergkulisse der Monti Sibillini, heute Naturschutzgebiet und beliebtes Wanderziel im Süden der Marken, liegt dieses wunderhübsche, von Flussläufen umgebene Städtchen (56 000 Ew.). Über einen davon führt der hervorragend erhaltene römische *Ponte di Solestà.* An der *Piazza del Popolo* aus spiegelglatten Travertinplatten, mit der schönen gotischen Kirche *San Francesco,* sitzt man von Renaissancefassaden umgeben im traditionsreichen *Caffè Meletti.* Im *Palazzo Comunale (tgl. 9–13, im Sommer auch 15–19 Uhr)* lohnt die Gemäldesammlung einen Besuch.

Cingoli und Fabriano **[159 D2]**
Das alte Städtchen *Cingoli* (10 000 Ew.) verdient eine Erwähnung wegen seines Beinamens »Balkon der Marken«. In der Tat hat man vom *Belvedere* hinter der Kirche San Francesco den schönsten Blick über die Hügellandschaft. Und das nette *Fabriano* (30 000 Ew.) ist berühmt wegen der Herstellung edlen Papiers: zu bestaunen im *Museo della Carta (Di-So 10–18 Uhr, Largo Spacca, www.museodellacarta.com),* zu kaufen bei *Bartolini (Via Largo Bartolo di Sassoferrato 7)* im Palazzo Podestà. Ein reizendes Landhotel liegt in der schönen Hügellandschaft beim nahen Dorf *Moscano: Le Gocce di Camarzano (6 Zi., Tel. 336 64 90 28, Fax 07 32 62 81 72, www.goccedicamarzano.com,* €*).*

Fermo **[159 E2]**
Die Stadt (35 000 Ew.) bietet eine weiträumige Piazza, stattliche Palazzi, einen eindrucksvollen Dom, kostbare Kirchen, vor allem aber die *piscine romane,* eine römische Wasserreinigungsanlage aus 30 unterirdischen Becken. Bei Wildschweinbraten kann man sich in *Locanda del Palio (So geschl., Piazzale Azzolino 6, Tel. 07 34 22 12 21, €)* stärken. Kurz, das ideale Ausflugsziel von den nahen Küstenorten mit ihren Strandbädern wie *Porto San Giorgio* (4 km).

Jesi **[159 D1]**
Hier wächst der Verdicchio, der trockene, leicht bittere Weißwein der Marken, das Beste, was man zum *brodetto,* der typischen Fischsuppe der Küstenküche, trinken kann. Zum Besuchsprogramm gehören der Renaissancepalast *Palazzo della Signoria* sowie die Bilder des großen Malers der Marken, Lorenzo Lotto (16. Jh.), im *Palazzo Pinetti.* Spektakulär sind die phantastischen Tropfsteinhöhlen *Grotte di Frasassi* landeinwärts.

Loreto **[159 E1]**
Neben Rom ist die mächtige gotische Hallenkirche *Santuario della Santa Casa* in diesem mittelalterlich befestigten Hügelstädtchen (11 000 Ew.) der vielleicht bedeutendste Wallfahrts- und Wunderort Italiens, wie allein die reiche Sammlung an Votivbildern und -gegenständen bezeugt. Hierher sollen 1295 Engel das Wohnhaus der Maria von Nazareth im Flug getragen haben. Daher ist die Madonna di Loreto die Schutzheilige der Piloten. An der Kirche und an ihrer Innenausstattung haben im Lauf der Jahrhunderte bedeutende Künstler Hand angelegt.

Macerata **[159 E2]**
Alljährlich kommen die Fans des Melodramas in diese schon südlich anmutende Stadt (44 000 Ew.) mit ihrem strengen mittelalterlichen Zentrum zum renommierten Opernfestival (Mitte Juli–Mitte Aug.) in der kuriosen Kulisse einer 1829 erbauten, neoklassizistischen *Ballspielarena.*

Das Umland von Macerata ist reich an römischen Siedlungsresten, dazu ein *Amphitheater* und romanische Kirchen und Abteien wie *San Claudio al Chienti* und *Chiaravalle di Fiastra.*

Pesaro **[159 D1]**
Zweitgrößtes Zentrum der Marken (90 000 Ew.) mit Stadt- und Badeleben. Pesaro ist der Geburtsort des Opernkomponisten Gioacchino Rossini mit Museum in seinem Geburtshaus und einem renommierten Rossini-Sommerfestival. Ein romantisches Hotel in Gemäuern des 17. Jhs. in der grünen Peripherie Pesaros ist die *Villa Serena (10 Zi., Via San Nicola 6/3, Tel. 072 15 52 11, Fax 072 15 59 27, www.villa-serena.it, €€)* mit Swimmingpool.

Riviera del Conero **[159 E1]**
Im Süden Anconas schiebt sich der Apennin auf einer Landzunge dicht ans Meer, als 572 m hoher und mit mediterraner, dunkelgrüner Macchia bedeckter *Monte Conero* mit Steilküsten und wunderschönen, teils mit dem Boot zu erreichenden Buchten. Mit herrlichem Weitblick liegt 5 km nordwestlich vom Ort Sirolo das *Hotel Monteconero (59 Zi., Tel. 07 19 33 05 92, Fax*

Am Fuß des macchiabewachsenen Monte Conero: der Strand von Sirolo

07 19 33 03 65, www.hotelmonte conero.it, €€) in einer alten Abtei mit Tennisplätzen, Schwimmbad und Anschluss an den Golfplatz von Sirolo.

Urbino **[159 D1]**
★ Urbino (16 000 Ew.) ist ein Gesamtkunstwerk. Die Stadt zog einst die besten Künstler Italiens an. Davon zeugt die *Galleria Nazionale delle Marche* im *Palazzo Ducale (Mo 8.30–14, Di–So 8.30–19 Uhr)*: »Die Geißelung« von Piero della Francesca, Werke von Paolo Uccello, Tizian, Luca Signorelli, Botticelli und das berühmte Frauenbildnis »La muta« (Die Stumme) von Raffael (Sohn der Stadt). Im Palazzo befindet sich auch das über und über mit kostbaren Intarsien ausgestattete Studierzimmer des Fürsten Federico II. von Montefeltro, dessen urbanistische Initiativen dieser Stadt ihren magischen Touch gaben. Heute ist Urbino ein Studentenstädtchen.

PERUGIA

[158 C2] Der Hauptstadt (150 000 Ew.) Umbriens, des »grünen Herzen« Italiens, ist es gelungen, ihre urbane Anlage aus Mittelalter und Renaissance zu schützen und trotzdem lebendig zu erhalten. Sie war eine der ersten Städte, die ihr Zentrum für den Verkehr sperrten, Rolltreppen und Aufzüge verbinden mit den Parkplätzen unterhalb der Stadt. Ein Auf und Ab an Plätzen, treppenartigen Gassen, mit Palazzi, Kirchen und Geschäften, belebt von den Studenten. An der namhaften Ausländeruniversität werden Landeskunde- und Italienischkurse angeboten. Ausführliche Informationen im MARCO POLO »Umbrien«.

SEHENSWERTES

Corso Vannucci
Die Hauptachse durch das Zentrum, verkehrsberuhigt und Flanier-

meile, verbindet ein paar Höhepunkte: die gewaltige gotische Kirche *San Lorenzo* mit schönem Chorgestühl und einladendem Treppenaufgang, davor der berühmte Brunnen *Fontana Maggiore* der Großmeister Giovanni und Nicola Pisano (13. Jh.), schließlich der imposante *Palazzo dei Priori,* ein prächtiger Palast italienischer Gotik, über und über ausgemalt mit Renaissancefresken von Perugino (Pietro Vannucci), dem Lehrer Raffaels. Er beherbergt die bedeutende Gemäldesammlung *Galleria Nazionale dell'Umbria (Di–So 8.30 bis 19.30 Uhr).*

Ipogeo dei Volumni
Unterirdische Grabkammern der reichen Etruskerfamilie Volumni aus der zweiten Hälfte des 2. Jhs. v. Chr., mit Grabstatuen und Urnen. *Tgl. 9–12.30 und 16–19 Uhr, Ponte San Giovanni (SS 75)*

Sant'Angelo
Im Norden der Altstadt hoch auf einer grünen Wiese gelegen: ein runder, frühchristlicher Tempel aus dem 5. Jh. Im Innern bestimmen 16 römische Säulen den Raum. *Porta Sant'Angelo*

San Pietro
Im Süden der Stadt durchs schöne Renaissancestadttor San Pietro hindurch liegt der Klosterkomplex (9./10. Jh.) mit Abtei, Kreuzgang und sehenswerter Küche. *Borgo XX Giugno*

ESSEN & TRINKEN

Trattoria del Borgo
In der Altstadt handfeste umbrische Küche, im Sommer sitzt man im Garten. *Mo–Mi mittags und So geschl., Via della Sposa 23, Tel. 07 55 72 03 90,* €

Osteria del Gambero
Lokale Zutaten, originell kombiniert, exzellente Weinkarte und einladendes Ambiente. *Mo und mittags geschl., Via Baldeschi 17, Tel. 07 55 73 54 61, www.osteriadelgambero.it,* €€

ÜBERNACHTEN

Etruscan Chocohotel Insider Tipp
Das passende Hotel zur Etrusker- und Schokoladenstadt, modern und freundlich, mit phantastischem Schoko-Laden. *94 Zi., Via Campo di Marte 134, Tel./Fax 07 55 83 73 14, www.chocohotel.it,* €€

Priori
Nettes Mittelklassehotel mit schöner Aussichtsterrasse. *56 Zi., Via Vermiglioni 3 (Via dei Priori), Tel. 07 55 72 33 78, Fax 07 55 72 91 55, www.hotelpriori.it,* €–€€

AUSKUNFT

Sala San Severo, Piazza IV Novembre 3, Tel. 07 55 72 33 27, http://turismo.comune.perugia.it

ZIELE IN DER UMGEBUNG

Assisi [159 D2]
1226, zwei Jahre nach dem Tod des charismatischen Ordensgründers Franziskus von Assisi, begann man mit dem Bau der gewaltigen Doppelkirche ★ *Basilica di San Francesco,* die im Innern über und über mit herrlichen Fresken der besten Künstler ausgemalt wurde: von Simone Martini, Cimabue und deren

Assisi: Stadt der Franziskaner

Schülern, allen voran Giotto, der die unteren Wände der *Chiesa Superiore* mit der Lebensgeschichte des Franz bemalte. Nicht minder reich ausgemalt ist die *Chiesa Inferiore*, die Unterkirche mit der Krypta *(Unterkirche tgl. 6–18, Oberkirche 8.30–18 Uhr)*. Assisi (25 000 Ew.) mit seinen Kirchen und Klöstern ist seit jeher Ziel der Kunstfreunde und religiösen Pilger auf den Spuren des hl. Franziskus. Dazu empfiehlt sich der einstündige Spaziergang hinauf zum *Eremo delle Carceri* am Monte Subasio. Hier liegt 10 km östlich traumhaft in den grünen Hügeln in uralten Gemäuern das schöne Landhotel *Le Silve (15 Zi., Armenzano, Tel. 07 58 01 90 00, Fax 07 58 01 90 05, www.lesilve.it, €€€)* mit Pool und Restaurant.

Santa Maria degli Angeli (tgl. 7 bis 19 Uhr) im Westen Assisis ist eine reich ausgestattete Basilika aus dem 16. Jh., die in ihrem Innern die Kapelle *Porziuncola* einschließt, in der Franziskus seinen Orden gründete, wie auch die *Cappella del Transito*, in der der Heilige starb.

Città di Castello **[158 C1]** Insider Tip

In der Stadt am Tiber (15 000 Ew.) kann man das Werk eines der bedeutendsten zeitgenössischen Künstler Italiens kennen lernen: Alberto Burris Materialbilder, Gemälde und Skulpturen in zwei ständigen Ausstellungen im *Palazzo Albizzini* im Zentrum *(Di–Sa 9–12.30 und 14.30 bis 18, So 10.30–12.30 und 15 bis 18 Uhr)* und am Stadtrand in den ehemaligen Tabaktrockenhallen *Ex Seccatoio Tabacchi (gleiche Zeiten, im Winter nach tel. Anmeldung: 07 58 55 46 49, www.fondazioneburri.org)*. Im schönen *Palazzo Vitelli* zeigt die *Pinacoteca* wertvolle Gemälde toskoumbrischer Maler aus dem 15./16. Jh. *(Di–So 10–12.30 und 15–17.30 Uhr)*. In Città di Castello lohnt auch der Besuch der Werkstätten *Tela Umbra (Di–So 9–13 und 15.30–19.30 Uhr, Via Sant'Antonio 3)*, wo nach alten Mustern und Methoden Stoffe hergestellt werden. Im Herbst findet hier außerdem ein großer Trüffelmarkt statt.

Interessantes modernes Ambiente und eine der besten Küchen der Region: *Il Postale di Marco e Barbara (Sa-Mittag und Mo geschl., Via De Cesare 8, Tel. 07 58 52 13 56, www.ristoranteilpostale.it, €€€)*. Zum Übernachten: *Hotel Tiferno (38 Zi., Piazza Raffaello Sanzio 13, Tel. 07 58 55 03 31, Fax 07 58 52 11 96, www.hoteltiferno.it, €€)* mit gutem Esslokal.

Deruta **[158 C2]**
Keramik, Keramik, Keramik, und das schon seit 1290: eine Werkstatt, eine Fabrik neben der anderen! Ein *Keramikmuseum (Di–So 10 bis 13 und 15.30–19 Uhr)* mit schöner Majolikasammlung findet sich im *Palazzo Comunale.*

Gubbio **[159 D2]**
Den Hang des Monte Ingino (hier oben soll der hl. Franz mit dem Wolf Zwiesprache gehalten haben) zieht sich diese Stadt (32 000 Ew.) in breiten Stockwerken hinauf. Von den Römern als Iguvium gegründet, im Mittelalter in hartem Kalkstein erneuert und daher hervorragend erhalten, schaut man von Gubbio hinunter auf eine fruchtbare Ebene. Im *Palazzo dei Consoli,* 1337 vom selbstbewussten Volk Gubbios erbaut, hütet ein Museum die Eugubinischen Tafeln, sieben Bronzeplatten mit Texten im alten, aus Latein und Etruskisch gespeisten umbrischen Idiom. Ansonsten gibt es einen gewaltigen Herzogspalast (renommierte Ausstellungen zeitgenössischer Kunst), Kirchen, Palazzi, ein römisches Theater und einen großen Loggienkomplex.

Diese bezaubernde Stadt lädt auch zum Übernachten ein mit dem üppig ausstaffierten Hotel *Bosone (28 Zi., Via XX Settembre 22, Tel. 07 59 22 06 88, Fax 07 59 22 05 52, www.mencarelligroup.com, €€).* Billiger wohnt und isst man im *Grotta dell'Angelo (18 Zi., tgl., Via Gioia 47, Tel. 07 59 27 34 38, www.grottadellangelo.it, €).*

Ein humanistisches Fabrikdorf

Glückliche Arbeitswelt in einem mittelalterlichen umbrischen Flecken

Es heißt oft, Umbrien sei das mystische Herz Italiens, wegen Franz von Assisi und vieler anderer Einsiedler, die in den Wäldern Umbriens eine existenzielle Harmonie fanden. Auch heute trifft man sich alljährlich in Assisi zum großen Friedensmarsch, und in den Tälern leben viele Lebenskünstler. Einer davon ist Brunello Cucinelli *(www.brunellocucinelli.it),* Hersteller von Kaschmirpullovern, gewiefter Geschäftsmann und zugleich ein humanistischer Idealist. Aus dem verlassenen mittelalterlichen Dorf Solomeo auf halber Strecke zwischen Perugia und dem Lago Trasimeno hat er seine Fabrik geschaffen: In den wunderschön restaurierten, teils mit Fresken geschmückten Räumlichkeiten oder in der Sonne auf der Piazza arbeiten seine Angestellten – ohne feste Arbeitszeiten, alle sind am Gewinn beteiligt. Allein schon wegen der Mensa würde man gern hier arbeiten, und ein Theater gibt es auch. Längst berichten Wirtschafts- und Lifestylemagazine über diese glückliche Arbeitswelt. Übernachten und speisen kann man in der charmanten *Locanda Solomeo (12 Zi., Piazza della Chiesa, Tel. 07 55 29 31 19, Fax 07 55 29 40 90, www.solomeo.it, €€).*

Originelle Alternativferien kann man 6 km südlich von Gubbio in *Santa Cristina* auf dem *Gehöft Alcatraz (Tel. 07 59 22 99 38, Fax 07 59 22 99 11, www.alcatraz.it, €–€€)* von Jacopo Fo verbringen, dem Sohn des Theatermachers und Nobelpreisträgers Dario Fo.

Norcia **[159 D3]**
Aus diesem sehenswerten Städtchen (5000 Ew.) kam der heilige Benedikt, Begründer der Ordensbruderschaften von Norcia. Die schöne Piazza von Norcia und die gotische Kirche sind nach ihm benannt. Die Norcini sind bekannt für ihre Fertigkeit im Schweinezüchten und in der Herstellung von Schinken und Salami. Im Herbst ergänzt sich ihre Küche mit schwarzen Trüffeln, z. B. im Restaurant *Granaro del Monte (Via Alfieri 7, Tel. 07 43 81 65 13, €€);* ein Hotel gehört dazu: *Albergo Grotta Azzurra (46 Zi., Tel. 07 43 81 65 13, Fax 07 43 81 73 42, www.bianconi.com, €–€€)*

Orvieto **[158 C3]**
Die alte Stadt (24 000 Ew.) liegt weithin sichtbar auf dem Plateau eines Tuffsteinfelsens, der sich aus dem Tal des Praglia erhebt. Hier oben hatten schon die Etrusker vor 2500 Jahren eine reiche Stadt angelegt. Das moderne Orvieto musste sich wegen Platzmangels auf dem Felsen in der Talebene ausbreiten. So bestehen die Schönheiten dieser Stadt in aller Ruhe fort, allen voran der ★ Dom *Santa Maria* aus dem 14. Jh., dessen Fassade, eine elegante Mischung französischer und italienischer Gotik, ihresgleichen in Italien sucht; innen leuchten die Fresken des Luca Signorelli.

Bei Civitella del Lago unweit von Orvieto direkt am Lago di Corbara kocht Gian Franco Vissani, der als einer der besten Köche Italiens gilt. Im *Vissani (Mi, Mo-Mittag, Do-Mittag und So-Abend geschl., Ortsteil Baschi, Tel. 07 44 95 02 06,, www.gianfrancovissani.it, €€€)* präsentiert er seine kreativen Höhepunkte (nur mit Tischbestellung!).

Spello **[159 D2]**
Künstlerischer Höhepunkt ist die Cappella Baglioni in der romanischen Kirche *Santa Maria Maggiore* mit der Freskenmalerei des Pinturicchio. Den Boden der Kapelle bedecken kostbare Majolikafliesen aus Deruta (1516).

Spoleto **[159 D3]**
Die Stadt war römische Siedlung, Sitz der Langobarden und später der päpstlichen Gouverneure. Bedeutendste Sehenswürdigkeit ist der *Dom* (12. Jh.) mit romanischen und Renaissanceelementen und Fresken. Spoleto (38 000 Ew.) ist berühmt für das renommierte Theater- und Musikfestival dei Due Mondi im Juli. Eine zauberhafte Unterkunft zwischen Spoleto und Foligno ist das *Castello di Poreta* Insider Tipp *(8 Zi., Tel. 07 43 27 58 10, Fax 07 43 27 01 75, www.castellodiporeta.it, €€).* Wegen des atemraubenden Panoramas auf ganz Umbrien lohnt der Ausflug auf den *Monteluco.*

SIENA

[158 B2] Ein mittelalterliches Kleinod ist diese Stadt (67 000 Ew.); bis ins 16. Jh. reicht die historische Blütezeit, von der Palazzi, Kirchen und

So leer werden Sie Sienas Piazza del Campo nur selten antreffen

Kunstsammlungen zeugen. Die unbeirrte, selbstbewusste Konservierung gehört seitdem zum Lebensstil der Sieneser. Entsprechend intakt ist das Stadtbild. Ausführliche Informationen finden Sie im MARCO POLO Band »Toskana«.

SEHENSWERTES

Duomo Santa Maria dell'Assunta

Mitte des 12. Jhs. begann man mit diesem großartigen Bauwerk italienischer Gotik: kunstvolle Marmorintarsien, Fußbodengraffiti, Meisterwerke von Malern und Bildhauern. Im Innern die berühmte Dombibliothek *Libreria Piccolomini*, schönste Frührenaissance, mit Fresken von Pinturicchio ausgemalt *(Duomo Mo–Sa 7.30–19.30, So 13.30–19.30, Libreria Nov.–Mitte März tgl. 10–13 und 15–17, Mitte März–Okt. 9–19.25 Uhr)*. Die gotische Taufkirche *San Giovanni* ziert ein sechseckiges Taufbecken mit Reliefs von Donatello, Ghiberti, Jacopo della Quercia (1427–30). Neben dem Dom geht es ins uralte *Spital Santa Maria della Scala* mit dem anschaulich ausgemalten Pilgersaal *(tgl. 10.30–18.30 Uhr)*. Insider Tipp *Piazza del Duomo*

Piazza del Campo

★ Der Platz, für viele der schönste der Welt, liegt im Schnittpunkt der drei Hügel, auf denen sich das ockerfarbene Häusermeer der Stadt ausbreitet. An der geraden Seite des Platzes das Rathaus, der *Palazzo Pubblico* (13./14. Jh.), von dessen *Torre del Mangia* Sie einen herrlichen Blick auf die Stadt haben *(tgl. 10 Uhr–1 Std. vor Sonnenuntergang)*. Am 2. Juli und am 16. August ist die Piazza Schauplatz des Palio, eines mörderischen Pferderennens zwischen den Stadtvierteln.

MUSEEN

Museo Civico
Höhepunkt sind die Sala del Mappamondo mit den Fresken von Simone Martini sowie die Sala della Pace mit den Fresken des Ambrogio Lorenzetti über die »Auswirkung der guten Regierung auf Stadt und Land«. *Palazzo Pubblico, tgl. 10–18.15, im Winter bis 17 Uhr, Piazza del Campo*

Museo dell'Opera Metropolitana
Meisterwerke von Pisano, Lorenzetti, Jacopo della Quercia; Hauptattraktion: die »Maestà« des Duccio di Buoninsegna. *Mitte März–Okt. tgl. 9–19.30, Nov.–Mitte März 9 bis 13.30 Uhr, Piazza del Duomo*

Pinacoteca Nazionale
Im gotischen Palazzo Buonsignori eine der wichtigsten Galerien der Toskana. *Mo 8.30–13.30, Di–Sa 8.15–19.15, So 8.15–13.15 Uhr, Via San Pietro 29*

ESSEN & TRINKEN

Osteria del Ficomezzo
Phantasievolle, schmackhafte Küche (fast) ohne Touristenrummel. *So geschl., Via dei Termini 71, Tel. 05 77 22 23 84, €–€€*

ÜBERNACHTEN

Bernini
Ein einfaches, bezahlbares Hotel in der Altstadt. Mit Terrasse. *10 Zi., Via della Sapienza 15, Tel./Fax 05 77 28 90 47, www.albergobernini.com, €*

Palazzo Ravizza
Schöne, geräumige Zimmer in einer Villa, zentral. *33 Zi., Piano dei Mantellini 34, Tel. 05 77 28 04 62, Fax 05 77 22 15 97, www.palazzoravizza.it, €€–€€€*

AUSKUNFT

Piazza del Campo 56, Tel. 05 77 28 05 51, Fax 05 77 28 10 41, www.terresiena.it

ZIELE IN DER UMGEBUNG

Le Crete und der Süden **[158 B2]**
Aschgraue Hügel aus Lehmboden, plötzlich zu steilen Falten aufgerissene Abhänge, dramatische Erosionsfurchen – mit dieser Landschaft, den *Crete,* beginnt das Gebiet südöstlich von Siena auf dem Weg zur Benediktinerabtei *Monte Oliveto Maggiore.* Weiter im Süden liegt auf einem Hügel das mittelalterliche *Montalcino,* Heimatort des vorzüglichen Weins Brunello di Montalcino, auf dessen *Piazza del Popolo* das schöne *Caffè Fiaschetteria Italiana* mit seiner beachtlichen Brunelloauswahl einlädt. 10 km südlich die noch aus karolingischer Zeit stammende *Abtei Sant'Antimo.*

Gen Osten geht es weiter ins zauberhafte Renaissancestädtchen *Pienza.* Unterkunft finden Sie z. B. im edlen Landhaus *La Saracina (5 Zi., 1 Apartment, 7 km östlich, SS 146, Tel. 05 78 74 80 22, Fax 05 78 74 80 18, www.lasaracina.it, €€€).* In der Nachbarschaft auf einem einsamen Lehmberg liegt das befestigte *Monticchiello,* alljährlich Schauplatz eines der interessantesten Theaterereignisse Italiens: Die Dorfbewohner führen auf der Piazza Ende Juli, Anfang August ein selbst verfasstes Stück auf. Insider-Tipp

Montepulciano (14 000 Ew., Herkunftsort des Vino Nobile di

»Manhattan des Mittelalters«: die Geschlechtertürme von San Gimignano

Montepulciano und Schauplatz interessanter Kulturveranstaltungen) bietet ein wunderbares Szenarium mit steilem Auf und Ab der Gassen und einem schön strukturierten Platz mit mittelalterlichen Palästen. Am Hügelfuß steht exponiert und strahlend die Wallfahrtskirche *Madonna di San Biagio* (16. Jh.). Huhn in Vino Nobile serviert das *La Grotta (Mi geschl., Tel. 05 78 75 76 07, €€–€€€)* im einstigen Wohnhaus des Sangallo, des Baumeisters der Wallfahrtskirche.

Massa Marittima **[158 B2]**
Die Stadt (10 000 Ew.) auf einem Hügel der erzhaltigen Colline Metallifere ist berühmt für ihren romanisch-gotischen *Dom.* Seit dem Mittelalter bildete der Abbau von Erz, Silber und Kupfer den Reichtum der Stadt. *Bergwerksmuseen* gibt es in Massa Marittima und in *Gavorano.*

Monte Amiata **[158 B2]**
Der zweikuppige, dicht bewaldete Vulkanberg, 1738 m hoch, beherrscht den Süden der Toskana und ist ein beliebtes Wandergebiet. Rund um die Kuppen Dörfer mit alten, rauen Kernen und Burgen wie Arcidosso, Santa Fiora, Castell'Azzara, Piancastagnaio und Abbadia San Salvatore.

San Galgano **[158 B1]**
Romantische *Ruine* einer Zisterzienserabtei aus dem 13. Jh., ein erstes Beispiel gotischer Sakralarchitektur in der Toskana. Dazu gehört eine kleine romanische Kirche mit schönem Innenmauerwerk und Fresken von Ambrogio Lorenzetti. Insider Tipp

San Gimignano **[158 B1]**
★ Heute stehen noch 15 von den einst 72 Geschlechtertürmen, die das Städtchen (8000 Ew.) im Mit-

telalter überragten. Zwei Türme kann man besteigen. Im Ort mit hübschen Plätzen und pittoresken Gassen lohnen auch die *Domkirche* und die Klosterkirche *Sant'Agostino* mit Fresken des berühmten Benozzo Gozzoli (15. Jh.) einen Besuch. Eine Bleibe sucht man sich am besten in der umliegenden Traumlandschaft, z. B. ca. 8 km nordwestlich in *Cellole* im Landhaus *Casale del Cotone (11 Zi., Tel./Fax 05 77 94 32 36, www.casaledelcotone.com, €€)*.

Volterra **[158 B1–2]**

Im Ort (15 000 Ew.) haben sich besonders reiche Spuren der großen Kulturepochen der letzten 3000 Jahre erhalten: so Reste der Stadtmauern und des *Arco Etrusco,* dazu eines der besten Museen Italiens zur etruskischen Kultur, das *Museo Guarnacci (Nov.–Mitte März tgl. 9 bis 14, Mitte März–Okt. 9–19 Uhr),* außerdem Ausgrabungen mit einem römischen Theater. Das Stadtbild prägen immer noch die Gassen und Bauten des Mittelalters. Traditionelles Handwerk Volterras ist die Bearbeitung des Alabasters, überall gibt es Werkstätten und Läden.

TOSKANISCHE KÜSTE

Etruskische Riviera **[158 A1–2]**

Im Süden Livornos beginnt die Etruskische Riviera, so genannt wegen ihrer zahlreichen etruskischen Siedlungsspuren. Höhepunkt ist das über dem Golf von Baratti (Insider Tipp) gelegene *Populonia* mit etruskischer Nekropole am Meer. Längs der Küste im Schatten der Pinien reiht sich ein Campingplatz an den anderen, dazwischen hübsche Badeorte wie *Castiglioncello* oder *San Vincenzo* mit einem der besten Restaurants Italiens: *Gambero Rosso, Mo/Di geschl., Piazza della Vittoria 13, Tel. 05 65 70 10 21, €€€*

Livorno **[158 A1]**

Wer Lust auf Stadtflair und reges Hafentreiben hat, der sollte Livorno (180 000 Ew.) einen Besuch abstatten. Die typische Livorneser Fischsuppe *cacciucco* bekommen Sie gut im *Il Sottomarino (Mo/Di geschl., Via dei Terrazzini 48, Tel. 05 86 88 70 25, €€).*

Maremma **[158 B3]**

Zur Maremma gehören das hügelige Hinterland von Grosseto, aber auch die Küstenlandschaft, einst malariageschwängerte Sümpfe und Weidegründe für wild lebende Pferde und Rinder. Diese Sümpfe sind weit gehend trockengelegt, heute bestimmen Ackerbau, Olivenhaine, Viehzucht und Tourismus Leben und Landschaft. Einzig der *Naturpark* der Maremma südlich von Grosseto mit der Mündungslandschaft des Ombrone, dem Gebirgszug der Monti dell'Uccellina und ihrer felsigen Küste bewahrt die ursprüngliche Natur. Von *Alberese,* Zentrum des Parks, starten interessante Exkursionen.

Zum teuren Ferienort hat sich *Punta Ala* entwickelt. Weiter im Süden ragt der *Monte Argentario* (635 m) aus dem Meer, mit hübschen Hafenorten wie *Porto Santo Stefano,* dem feinen *Port'Ercole* und dem Lagunenstädtchen *Orbetello.*

Im Osten der weit gehend modernen Provinzhauptstadt Grosseto gelangt man in die Tuffsteinberge der südlichsten Toskana, mit hoch auf Felsplateaus aufgestockten, wildromantischen Städtchen wie *Pitigliano, Sorano* oder *Sovana* mit sehenswerten etruskischen Felsengräbern. Hier liegt auch *Saturnia,* in dessen heißes Schwefelwasser man sich entweder in die von einem aufwändigen Spahotel *(Terme di Saturnia, 104 Zi., Tel. 05 64 60 01 11, Fax 05 64 60 12 66, www.termedisaturnia.it, €€€)* mit Badebecken beanspruchte Quelle legt oder frei unter die *heißen Wasserfälle.*

Bei Capalbio, Treffpunkt der italienischen Kultur- und Politschickeria, liegt der traumhafte Park *Giardino dei Tarocchi (April–Mitte Okt. tgl. 14.30–19.30 Uhr, www.nikidesaintphalle.com)* mit den bunten, üppigen, von Motiven der Tarockkarten inspirierten Skulpturen der 2002 verstorbenen Bildhauerin Niki de Saint-Phalle.

Pisa **[158 A1]**

Kaum ein Monument Italiens ist so berühmt wie der *Schiefe Turm* von Pisa (103 000 Ew.). Seine Neigung begann schon bald nach dem Bau 1173 auf von Wasseradern durchzogenem Grund. Nach langwierigen Stabilisierungsmaßnahmen darf man ihn wieder besteigen *(tgl. 9 bis 17 Uhr, 15 Euro, Kinder unter 8 dürfen nicht hinauf, Anmeldung nur über Internet: www.opapisa.it, Infotel. 005 03 87 22 10).* Er steht auf dem ★ *Campo dei Miracoli* (Wiese der Wunder), ebenso wie der prächtige romanische *Dom* (1063–1118), das *Baptisterium* und der *Camposanto,* ein Friedhof voll kostbarer Skulpturen und Fresken aus der Glanzzeit der Stadt. Gutes Essen und lebendiges Ambiente in der *Osteria dei Cavalieri, Sa-Mittag und So geschl., Via San Frediano 16, Tel. 050 58 08 58, €–€€.*

Ein großes Vergnügen für Alte und Junge, Singles und Paare: die heißen Wasserfälle von Saturnia

Versilia **[156 A6]**

So nennt sich der obere Küstenabschnitt der Toskana von Ligurien bis nach Viareggio: 25 km feiner Sandstrand, schattige Piniengürtel und Ferienanlagen, Villen und Hotels und im Hintergrund die steilen ★ *Apuanischen Alpen.* Aus ihrem Stein werden seit Jahrhunderten riesige Marmorblöcke geschnitten. Man kann die Marmorbrüche *(cave)* und Werkstätten von Carrara und Pietrasanta besichtigen. Elegante Badeorte sind *Forte dei Marmi* und *Viareggio.*

Latium, Abruzzen, Molise

Politiker und Päpste, Hirten und Skifahrer, Bären und Wölfe

Seit die Autobahn zwischen Rom und L'Aquila in den Abruzzen fertig gestellt ist, haben die Römer neue Reiseziele: Sie besuchen jetzt den ausgedehnten Nationalpark der Abruzzen, eine von wilden Tieren bewohnte, raue Bergwelt; oder sie kommen zum Skifahren auf den Gran Sasso, mit seinen 2912 m die höchste Erhebung des Apennins. Das weiter südlich gelegene Molise gehört gleichermaßen zu diesem herben Zentrum Italiens, geografisch wie kulturell.

Zum Zentrum zählen auch Rom, diese an Geschichte und Mythen überreiche Stadt, und das grüne, melancholische Latium. In all diesen Regionen stellt sich das Gefühl ein, dass der Norden schon hinter einem liegt und der Süden noch nicht recht angefangen hat.

Wilde Tiere, bunte Blumen: Parco Nazionale d'Abruzzo bei Pescasseroli

L'AQUILA

[159 E3] Durch ein unerwartet eindrucksvolles Bergpanorama gelangt man von Rom oder von der adriatischen Küste über Teramo in diese hübsche mittelalterliche Berg- und Universitätsstadt (65 000 Ew., 741 m), Hauptstadt der Region Abruzzen, im Blickfeld das Massiv des Gran Sasso, die imposanteste Felsformation des italienischen Apennins. 1240 gründete der Stauferkaiser Friedrich II. hier einen Vorposten gegen das päpstliche Rom.

Die wohl berühmteste Treppe Roms: Scalinata Trinità dei Monti bei der Piazza di Spagna

SEHENSWERTES

Fontana delle 99 Cannelle

Der »Brunnen der 99 Wasserspeier« aus dem Jahr 1272, ein großes Becken mit 99 Wasser speienden Steinmasken, erzählt die Gründersage von L'Aquila. Ihr zufolge war L'Aquila aus 99 Burgen, jede mit einer Kirche, einem Platz und einem Brunnen, entstanden. *Via Jacopo*

San Bernardino di Siena
Höhepunkt dieser reich ausgestatteten Kirche ist die Renaissancefassade von Cola d'Amatrice. *Via di San Bernardino*

Santa Maria di Collemaggio
★ Dieser Sakralbau gilt als schönstes Bauwerk der Abruzzen, besonders wegen seiner grandiosen Fassade, in die sich harmonisch drei romanisch-gotische Rosettenfenster und drei romanische Portale einfügen. Das romanische Innere mit drei Kirchenschiffen aus dem 13. Jh. wurde von barocker Verzierung befreit und in den ursprünglichen Zustand zurückrestauriert. *Piazza di Collemaggio*

MUSEUM

Museo Nazionale d'Abruzzo
In einem Park liegt das Schloss im spanischen Stil des 16. Jhs., in dem heute dieses besuchenswerte Museum untergebracht ist: archäologische Fundstücke, dazu Sakralkunst, kostbare Keramiken, typisch abruzzische Handwerkskunst sowie moderne und zeitgenössische Kunst junger regionaler Künstler. *Di bis So 9–20 Uhr, Castello*

ESSEN & TRINKEN

Elodia
Abruzzenspezialitäten auf leichte, originelle Art zubereitet, beste Speiseadresse im Raum L'Aquila, 18 km nordöstlich an der Landstraße SS 17 in Camarda. *So-Abend und Mo geschl., Tel. 08 62 60 60 24, www.elodia.it,* €€–€€€

Trattoria del Giaguaro
An der zentralen Piazza Santa Maria di Paganica eine nette Einkehr mit typischen Gerichten wie *spaghetti alla chitarra* und Lamm mit Safran. *Mo-Abend und Di geschl., Tel. 086 22 40 01,* €

ÜBERNACHTEN

Amiternum
Renovierte, sehr ordentliche Unterkunft am Altstadtrand; mit Garage und dem Restaurant *L'Angolo Rosa. 60 Zi., Bivio Sant'Antonio, Tel. 08 62 31 57 57, Fax 08 62 31 59 87, www.hotelamiternum.it,* €

Duomo
Freundlich geführtes, behagliches Haus mitten in der Altstadt. *30 Zi., Via Dragonetti 6–10, Tel. 08 62 41 07 69, Fax 08 62 41 30 58, www.hotel-duomo.it,* €€

AUSKUNFT

Piazza Santa Maria Paganica 5, Tel. 08 62 41 08 08, Fax 086 26 54 42

ZIELE IN DER UMGEBUNG

Atri **[159 E3]**
Die kleine mittelalterliche Stadt (11 000 Ew.) auf einem Hügelrücken, 12 km von der Adria entfernt, lohnt einen Besuch wegen ihres romanisch-gotischen Doms *Santa Maria Assunta* (13. Jh.) mit kostbarer Freskenausmalung im Chor, einem schönen Kreuzgang und auf dem weiten Vorplatz freigelegten römischen Fundamenten. Die Spezialität des Städtchens ist Lakritz, das in duftenden Läden verkauft wird. Auf der Straße Richtung Teramo fällt der Blick auf steile, graue Erdfalten, die die Abhänge hinunterstürzen, die für den Apennin typischen

calanchi oder *balze*, hier bei Atri besonders eindrucksvoll.

Chieti **[159 F3]**
Eine hoch gelegene alte Stadt (55 000 Ew.) mit schönen Ausblicken auf die Maiellagruppe und aufs Meer. Im Stadtkern lebhafte Einkaufs- und Caféstraßen wie der *Corso Marrucino*, außerdem Reste von drei römischen Tempeln, einem Amphitheater, von Thermen, dazu ein gotisch-barocker *Dom* und ein ausgezeichnetes *archäologisches Museum* mit prähistorischen und römischen Funden *(Di–So 9–20 Uhr, Villa Comunale, Viale Paolucci)*.

Im nahen *Guardiagrele* lohnt in der ersten Augusthälfte ein reicher Handwerkermarkt für Geschmiedetes, Kupfernes und Schmuck. Eine besonders schöne Unterkunft mit gutem Restaurant: *Villa Maiella (14 Zi., So-Abend und Mo geschl., Via Sette Dolori 30, Tel. 08 71 80 93 62, Fax 08 71 80 93 19, www.villamaiella.it, €€)*.

Gran Sasso d'Italia **[159 E3]**
Zum »großen Felsen von Italien«, höchster Gipfel des italienischen Apennins, gehört der Monte Corno (2912 m), durch den sich die Autobahn von L'Aquila nach Teramo 10 km lang hindurchbohrt. Wer Lust auf großartige Landschaftsbilder hat, sollte die Panoramastraße (SS 80) auf der Nordwestseite des Massivs vorziehen, vorbei an der alten Sabinerstadt Amiternum Richtung Montorio al Vomano. Von hier geht es weiter an die Küste vorbei an den sehenswerten romanischen Abteien *San Clemente al Vomano* und *Santa Maria di Propezzano* oder hinauf nach *Isola del Gran Sasso* mit alten Häusern und lateinischen Inschriften auf den

MARCO POLO Highlights »Rom und der Apennin«

★ **Abtei San Clemente in Casauria**
Meisterhafte romanische Steinmetzarbeiten (Seite 98)

★ **Tarquinia**
Etruskersiedlung mit Totenstadt und Museum (Seite 105)

★ **Santa Maria di Collemaggio**
Schönstes Bauwerk der Abruzzen in L'Aquila (Seite 94)

★ **Parco Nazionale d'Abruzzo**
Naturpark mit Wölfen und Wanderrouten (Seite 96)

★ **Sixtinische Kapelle**
Die berühmte Schöpfungsgeschichte von Michelangelo (Seite 99)

★ **Vatikanische Museen**
Der größte Museenkomplex der Welt (Seite 101)

★ **Tivoli**
Römische Villen des Kaisers Hadrian und schönster Park Italiens (Seite 104)

★ **Forum Romanum**
Von hier wurde das antike Weltreich regiert (Seite 98)

Bergdörfer kauern sich im dichten Grün an die Hänge des Gran Sasso

Fenstern. Im Ortsteil San Pietro di Isola abruzzische Hirtenküche in der Trattoria *Il Mandrone (Di geschl., Tel. 08 61 97 61 52, €)*. *Castelli* bietet schönes Keramikhandwerk. Im nahen Mavonetal lohnen zwei Sakralbauten, *San Giovanni al Mavone* und die Kirche *Santa Maria di Ronzano* (Schlüssel beim Pfarrer von Castel Castagna), einen Besuch. Auf dem Gran-Sasso-Massiv kann man auch Ski fahren, im Süden führt von Fonte Cerreto eine Seilbahn hinauf.

Molise **[159 F5]**

Ein Besuch im abgeschiedenen Molise, zweitkleinste Region Italiens, führt in ein altes Hirtenland mit Spuren vor- und frühgeschichtlicher Besiedlungen. Die Regionshauptstadt *Campobasso* (20 000 Ew.) bietet eine verwinkelte Altstadt mit mächtigem Kastell, zu Fronleichnam eine hinreißende Prozession (Insider Tipp) unter Beteiligung der Kinder und einige besonders gute Speiselokale, z. B. *Miseria e Nobiltà (So geschl., Via Sant'Agostino Abate 16, Tel. 087 49 42 68, €€)*.

Isernia (18 000 Ew.) ist unter Paläontologen weltberühmt: Hier wurden die in Europa ältesten Spuren menschlichen Lebens gefunden, mindestens 730 000 Jahre alte Reste von Jagdbeuten und Feuerstellen *(Museo Civico, tgl. 8.30–19.30 Uhr)*. Übernachten können Sie im nahen *Pesche* im *Albergo Santa Maria del Bagno (42 Zi., Viale Santa Maria del Bagno 1, Tel. 08 65 46 01 36, Fax 08 65 46 01 29, €)*.

Parco Nazionale d'Abruzzo **[159 E4]**

★ Dieser rund 600 km² große Naturpark gehört zu den berühmtesten Italiens – wegen seiner wilden, ursprünglichen Landschaft und seiner einzigartigen Tierwelt, zu der Wölfe und die kleinen Braunbären der Abruzzen gehören. Auf über 150 Wanderwegen kann man diese herbe Landschaft erkunden; dabei helfen vier Besucherzentren mit Ausstellungen und Wildgehegen.

Der Hauptort im Park ist *Pescasseroli.* Außer auf Campingplätzen und in Berghütten können Sie auch im Hotel unterkommen, in Pescasseroli z. B. im gemütlichen *Alle Vecchie Arcate (36 Zi., Via della Chiesa 57 a, Tel. 086 91 06 18, Fax 08 63 91 25 98, www.vecchie arcate.tux.nu, €)* mit beliebtem Restaurant und Fitnessraum. Auskunft: *Via Piave 2, Tel. 08 63 91 00 97, Fax 08 63 91 04 61, www.pescas seroli.net, www.parks.it*

Pescara **[159 F3]**

Kontrastprogramm zur Bergwelt bietet dieses große urbane Zentrum (130 000 Ew.) an der flachen Adriaküste der Abruzzen. An der Meerseite liegen die Strände, zahllose Hotels, schöne Strandpromenaden und Fischrestaurants. Pescaras Stockfischspezialitäten *(baccalà)* bekommen Sie besonders gut in der hoch gelobten *Taverna 58 (So-Mittag und Sa geschl., Corso Manthone 58, Tel. 085 69 07 24, €€).* Außerhalb der Stadt sind die besten Strände im Norden *Silvi Marina,* im Süden *Lido Riccio* und *Lido dei Saraceni.*

Sulmona **[159 E4]**

Über allem liegt hier der süße Duft gebrannter Mandeln, die als die besten ganz Italiens gelten. Die große, malerische Piazza wird auf ihrer Südseite von einem mittelalterlichen Aquädukt gefasst. Über dem hübschen Städtchen erhebt sich die eindrucksvolle Maiellagruppe. Neben zahlreichen Kirchen, pittoresken Straßen und Plätzen lohnt in Sulmona (24 000 Ew.) vor allem der elegante Palast- und Kirchenkomplex *Santa Maria Annunziata* aus dem 15. Jh. mit seinen feinen Stilelementen aus Gotik und Renaissance einen Blick.

Besonders gut speist man im familiären Traditionsrestaurant *Caldora* (Insider Tipp) *(So-Abend, Mo-Mittag und Di geschl., Piazza Umberto I, Tel. 086 44 11 39, €€)* im schönen Dorf *Pacentro* (8 km östlich).

Fans magischer Rituale zieht es am ersten Maidonnerstag ins Bergdorf *Cocullo* (20 km westlich), wo ein mit lebenden Schlangen behängter Heiliger durch die Straßen getragen wird.

Eine landschaftlich eindrucksvolle Tour führt durch die Schlucht *Gola del Sagittario* ins viel besuchte, malerische Bergdorf *Scanno,* berühmt für seine alten Frauen, die auch im Alltag noch ihre schwarzen Trachten tragen. Auf dem Weg von Sulmona ans Meer hingegen trifft

»Bolge«

Die Erosionsfurchen in den Abruzzen

Eigentlich heißen diese versteinerten Lehmfalten, die das Wasser gräbt und der Wind formt und die immer wieder einen Hang im italienischen Apennin zerfurchen, *calanchi* oder *balze;* nur die Leute von Atri in den Abruzzen nennen ihre besonders spektakulären Furchen *bolge* – so nannte Dante die Gräben im tiefsten Schlund der Hölle, wo die Betrüger schmachten.

man auf die großartige, in einem Garten gelegene romanische ★ Abtei *San Clemente in Casauria.*

Termoli **[160 B2]**
Der malerische mittelalterliche Stadtkern Termolis (21 000 Ew.) ragt auf einem Sporn ins Meer. Am Fischereihafen ist immer viel los. Von hier starten die Fähren zu den *Isole Tremiti,* einer beliebten kleinen Inselgruppe vor dem Sporn des apulischen Gargano.

ROM (ROMA)

Karte in der hinteren Umschlagklappe

[158 C4] Nach dem langsamen Zerfall des Römischen Reichs konnte sich die Stadt dennoch ihren Platz in der Weltgeschichte bewahren, als Zentrum der Christenheit. Das rief im Mittelalter, in der Renaissance und in der Barockzeit die besten Künstler Italiens nach Rom. Die Hauptstadt Italiens lebt mit ihren knapp 3 Mio. Ew. die aktuellen Probleme vieler großer Städte: Nicht nur das Kolosseum bröckelt. Doch jedes Mal, wenn man nach Rom kommt, ist ein Palast, eine Kirche, ein Brunnen frisch restauriert, ein Museum neu eröffnet, eine antike Entdeckung gerade ausgebuddelt. Der MARCO POLO Band »Rom« berichtet ausführlich; aus der Fülle der Sehenswürdigkeiten hier eine kleine Auswahl.

SEHENSWERTES

Forum Romanum **[U E4–5]**
★ Heute präsentiert sich Ihnen hier eine gartenähnliche Anlage mit den Ruinen von Tempeln, Triumphbögen und öffentlichen Gebäuden – doch einst wurde von hier aus das Römische Weltreich regiert. Oben auf dem Palatin, dem mythischen Gründungsort Roms, bauten sich die reichen Römer ihre Villen. *Tgl. 9 Uhr–1 Std. vor Sonnenuntergang, Eingang von der Via dei Fori Imperiali*

Wirklich kolossal: Das Kolosseum bot einst 70 000 Zuschauern Platz

Kirchen
Zu den zahllosen kostbaren Kirchen, die Rom, Hauptstadt der Christenheit, beherbergt, gehören die vier Patriarchatsbasiliken: *San Giovanni in Laterano (***[O]***, Piazza San Giovanni)*, die älteste frühchristliche Papstkathedrale (von 314) und katholische Mutterkirche, dann natürlich der *Petersdom (***[U A3]***, Piazza San Pietro)*, als dritte *San Paolo fuori le Mura (***[O]***, Via Ostiense)* mit einem besonders schönen Kreuzgang und als vierte *Santa Maria Maggiore (***[U F4]***, Piazza Santa Maria Maggiore)*, ebenfalls frühchristlichen Ursprungs.

Kolosseum (Colosseo) **[U E–F5]**
70 000 Menschen fasste dieses gigantische Amphitheater, das Wahrzeichen des alten Rom. Kaiser Titus weihte die Arena 80 n. Chr. mit 100 Tage andauernden, blutrünstigen Spielen ein. *Tgl. 9 Uhr–1 Std. vor Sonnenuntergang, Piazza del Colosseo*

Pantheon **[U D3]**
Dieser Göttertempel aus dem Jahr 27 v. Chr. ist der einzige erhaltene antike Kuppelbau; in seinem eindrucksvollen Innenraum liegen mehrere italienische Könige und der Maler Raffael begraben. Abends ist der Vorplatz ein beliebter Treffpunkt der Römer. *Mo–Sa 8.30 bis 19.30, So 9–18 Uhr, Piazza della Rotonda*

Petersdom und Petersplatz **[U A3]**
Ins bedeutendste Heiligtum der katholischen Christenheit gelangt man über den harmonischen Platz, den Roms Meister des Barock, Gianlorenzo Bernini, 1667 schuf. Am gigantischen Dom, der *Basilica di San Pietro*, die 60 000 Menschen aufnimmt, haben Bramante, Carlo Maderna und Michelangelo gearbeitet. Von seiner Kuppel haben Sie einen grandiosen Ausblick. Im Innern die Reliquien des Petrus und des Paulus und unter den zahlreichen Kunstwerken die Pietà des Michelangelo. *Tgl. 7–19 Uhr, Piazza San Pietro*

Plätze
Der *Campo de' Fiori* **[U C4]**, dieses »Blumenfeld«, im Mittelalter Rinderweide und Hinrichtungsplatz, ist heute der schönste römische Obst-, Gemüse- und Blumenmarkt. Die lang gestreckte *Piazza Navona* **[U C3]** glänzt mit dem prächtigen Barockbrunnen der »Vier Ströme« vom Barockmeister Bernini und ihren blumengeschmückten Balkonen, mit Kleinkünstlern und Straßencafés. Eine breite, bühnenartige Treppe charakterisiert die *Scalinata Trinità dei Monti*, die »Spanische Treppe« an der *Piazza di Spagna* **[U D2]**, liebstes Sitzmöbel müder Touristen und internationaler Jugendtreff.

Sixtinische Kapelle **[U A3]**
★ Nach vielen Restaurierungen erstrahlt die »Schöpfungsgeschichte« (1508–1512) des Michelangelo in bunter Farbenpracht von den Decken der Kapelle. Nach der Plünderung Roms durch Karl V. malte Michelangelo im päpstlichen Auftrag das düstere »Jüngste Gericht« an die Altarwand. *Mitte März–Okt. Mo–Fr 8.45–16.45, Sa 8.45–14.45, Nov.–Mitte März Mo–Sa 8.45 bis 13.45 Uhr, letzter So im Monat 8.45–13.45 Uhr freier Einlass, Vaticano, http://mv.vatican.va*

Kapitolinische Museen: Hier finden Sie die berühmte römische Wölfin

Trastevere **[U B–C 5–6]**
Einst ein verwinkeltes volkstümliches Viertel, heute von der Schickeria und betuchten Ausländern bewohnt. Die *Piazza Santa Maria in Trastevere* ist ein beliebter Treffpunkt junger Leute.

Via Appia Antica und Katakomben **[O]**
Wie die wichtigste Straße des römischen Weltreichs gen Süden an die Adria einmal ausgesehen haben mag, kann man im archäologischen Park am südöstlichen Rand Roms erahnen (sonntags autofreies Fußgängerparadies), zu dem die unterirdischen Totenstädte, die *Kalixtus- (Mi geschl.), Sebastian- (So geschl.)* und die weitläufigen *Domitilla-Katakomben (Di geschl.)* gehören. *Alle 8.30–12 und 14.30–17 Uhr*

MUSEEN

Galleria Borghese **[U E–F1]**
Die Villa im beliebten Park beherbergt die schönsten Statuen von Bernini und die kostbare Gemäldesammlung des Kardinals Scipione Borghese: Botticelli, Raffael, Caravaggio und viele mehr. *Nur nach Voranmeldung (Tel. 06 32 81 01, www.ticketeria.it) Di–So 9–19 Uhr, Parco Villa Borghese, Via Pinciana*

Kapitolinische Museen **[U D4]**
Die Paläste an der wunderbaren Platzanlage Campidoglio zeigen neben der Sammlung römischer Kopien von griechischen und hellenistischen Statuen auch die legendäre kapitolinische Wölfin aus dem 6. Jh. v. Chr. Faszinierend: die Ausstellung antiker Skulpturen aus den kapitolinischen Museen in der dramatischen Kulisse eines aufgelassenen Elektrizitätswerks (Insider-Tipp) *(Centrale Montemartini,* **[O]**, *Via Ostiense 106, Di–So 9.30–19 Uhr). Di–So 9 bis 20 Uhr, Piazza del Campidoglio*

Museo Nazionale delle Paste Alimentari **[U D3]**
Hier dreht sich alles um die geliebte Nudel. *Tgl. 9.30–17.30 Uhr,*

www.museodellapasta.it, Piazza Scanderbeg 117

Museo Nazionale Romano
Die umfangreichste Sammlung zur Kunst der römischen Antike verteilt sich auf vier verschiedene Ausstellungsorte: *Palazzo Massimo (***[U F3]***, Largo di Villa Peretti 1), Palazzo Altemps (***[U C3]***, Piazza Sant'Apollinare 44), Crypta Balbi (***[U D4]***, Via delle Botteghe Oscure 31), Terme di Diocleziano (***[U F2–3]***, Viale De Nicola 79);* dazu die Ausgrabungen der grandiosen Kaiservilla *Domus Aurea* **[U F5]**, beim Kolosseum *(anmelden, Tel. 06 39 96 77 00). Alle Di–So 9–19.45 Uhr*

Vatikanische Museen **[U A2]**
★ Mit 14 Museen beherbergt die Vatikanstadt den größten Museenkomplex der Welt. Besonders sehenswert sind die von Raffael ausgemalten Arkaden der so genannten *Stanzen,* die größte Sammlung antiker Originalskulpturen der Welt im *Museo Pio Clementino* und die *Pinakothek* mit Werken von Giotto, da Vinci, Caravaggio und vielen anderen. *Mitte März–Okt. Mo–Fr 8.45–16.45, Sa 8.45–14.45, Nov. bis Mitte März Mo–Sa 8.45–13.45 Uhr, letzter So im Monat 8.45 bis 13.45 Uhr freier Einlass, Haupteingang Viale del Vaticano, http://mv.vatican.va*

ESSEN & TRINKEN

Cafés
Schon seit Jahrhunderten Ziel der Reisenden: das *Antico Caffè Greco* **[U D2]** an Roms teuerster Einkaufsstraße *Via Condotti 86;* beliebter Treff der Römer ist das bis 3 Uhr nachts geöffnete Jugendstil-*Caffè della Pace* **[U C3]** in der *Via della Pace 3.*

Freni e Frizioni **[U C5]**
Neues Trendlokal in ehemaliger Autowerkstatt: Brunch, Aperitifbuffet, leichte, schmackhafte Gerichte. *Tgl., Via Politeama 4–6, Tel. 06 58 33 42 10, €–€€*

Maccheroni **[U D3]**
Unweit der Piazza Colonna ein Tempel der frischen Pasta, etwa *al cacio e pepe* (mit Käse und Pfeffer). *Tgl., Piazza delle Coppelle 44, Tel. 06 68 30 78 95, €€*

Trattoria **[U C3]**
Nahe beim Pantheon, modern und sehr angesagt, mit einfallsreicher Gemüse- und Fischküche. *So geschl.,*

Shopping und Schaufenster: Rom hat nicht nur antike Attraktionen

Via Pozzo delle Cornacchie 25, Tel. 06 68 30 14 27, €€–€€€

EINKAUFEN

Die besten Modeschöpfer haben ihre feinen Läden auf der *Via Condotti* **[U D2]** und Nebenstraßen an der *Piazza di Spagna,* Mode für junge Leute auf der *Via del Babuino* **[U D2]** und der *Via del Corso* **[U D2–3]**. An der *Porta Portese* **[U C6]** in Trastevere ist sonntags Flohmarkt.

ÜBERNACHTEN

Es gibt zahlreiche Bed-and-Breakfast-Unterkünfte, z. B. über *www.bedandbreakfastroma.com.*

Andreina **[U F3]**
In der Bahnhofsgegend, dafür innen hübsch, gepflegt und bezahlbar. *20 Zi., Via Giovanni Amendola 77, Tel. 064 81 86 57, Fax 064 74 25 23, www.hotelandreina.com, €–€€*

Fontana di Trevi **[U D3]**
Charmehotel in ehemaligem Kloster in herrlicher Lage direkt gegenüber dem Trevi-Brunnen. *26 Zi., Piazza di Trevi 96, Tel. 066 79 10 56, Fax 066 79 00 24, www.hotelfontana-trevi.com, €€€*

AM ABEND

Hinweise zu allen Veranstaltungen, Konzerten, Ausstellungen usw. im Wochenblatt »Roma c'è« *(www.romace.it)* und in der Freitagsbeilage der »Repubblica«. Sehr gutes Konzertprogramm in der neuen Musikhalle Auditorium *(www.auditorium.com).* Für Jazzfreunde neu: *Casa del Jazz (Viale di Porta Ardeatina 55, www.casajazz.it).* Diskos und Kneipen vor allem im Viertel *Monte Testaccio* **[O]**. Reiches Kulturprogramm im Sommer *(estate romana).*

BOOTSFAHRTEN

Schiffsfahrten auf dem Tiber durch Rom *(alle 20 Min. Abfahrt an der Brücke Ponte Duca d'Aosta,* **[O]***).*

AUSKUNFT

Bahnhof Stazione Termini **[O]**, *Tel. 06 48 90 63 00;* weitere Infopunkte: *Piazza delle Cinque Giornate (Piazza Navona), Piazza del Tempio della Pace (Forum Romanum), Piazza Pia (Castel Sant'Angelo) u. a.* Erkundigen Sie sich nach günstigeren Sammelkarten, z. B. Romapass *(www.romapass.it).* Infowebsites, z. T. auch auf Deutsch: *www.romecity.it, www.roma-antiqua.de.*

ZIELE IN DER UMGEBUNG

Abtei von Montecassino **[159 E5]**
Bei Cassino liegt diese 529 von Benedikt von Norcia gegründete älteste benediktinische Klosteranlage, die 1944 zerbombt und anschließend sehr gut rekonstruiert wurde.

Bracciano **[158 C4]**
Eine traumhafte Panoramastraße führt um den Kratersee Lago di Bracciano nordwestlich Roms, durch malerische Ortschaften zum Städtchen *Bracciano* (11 000 Ew.) mit einem Renaissanceschloss von 1485, dem *Castello Orsini-Odescalchi.*

Castelli Romani **[159 D4]**
Dieses Ausflugsgebiet südöstlich von Rom erfrischt seit Jahrtausenden die hitzeschweren Römer in

den Tavernen mit den süffigen Weißweinen Colli Albani, Marino oder Frascati oder beim Spaziergang an den kühlen, dunklen Kraterseen *Lago di Albano* und *Lago di Nemi.*

In *Ariccia* ist vor allem die von Bernini gestaltete Piazza sehenswert. Jedes Jahr im Sommer kommt der Papst nach *Castel Gandolfo* zur Sommerfrische. Sehenswert die von Bernini gestaltete Kirche *San Tommaso da Villanova* (1661).

Frascati war besonders beliebt unter Kardinälen und Patriziern, wovon die prächtigen Renaissance- und Barockvillen zeugen, von denen man aber nur die Parks der beiden Anwesen *Aldobrandini* und *Belvedere* besichtigen darf. Wer auch mal in einer solchen Villa schlafen möchte: 2 km außerhalb von Frascati in der *Villa Tuscolana (108 Zi., Via del Tuscolo, Tel. 06 94 29 00, Fax 069 42 47 47, www.villatuscolana.com, €€€).* Unter den zahlreichen Restaurants und Osterien von Frascati zu empfehlen: *Cacciani (Mo geschl., Via Armando Diaz, Tel. 069 42 03 78, €€–€€€)* oder das altbewährte *Zarazà (Mo geschl., Via Regina Margherita 21, Tel. 069 42 20 53, €–€€).* Für die Nacht nach dem Weingenuss empfiehlt sich das *Hotel Panorama (15 Zi., Piazza Carlo Casini 3, Tel. 069 42 18 00, Fax 069 41 79 55, €)* im Ortskern. Die Ruinen von *Tuscolo* auf einer Hochfläche 5 km von Frascati bezauberten schon Goethe.

Cerveteri **[158 C4]**

Eine der reichsten etruskischen Totenstädte, die *Necropoli della Banditaccia (Di–So 9 Uhr–1 Std. vor Sonnenuntergang),* liegt knapp 2 km nördlich von Cerveteri; außerdem das sehenswerte Museum in der *Rocca Ruspoli (Di–So 8.30 bis 18.30 Uhr).*

Ciociaria **[159 D4]**

Ein Ausflugsgebiet im Südosten Roms mit schönen Städtchen in der Mittelgebirgslandschaft der Monti Ernici wie *Anagni* (sehenswert die Fresken in der Domkrypta sowie der Palast der Päpste), *Alatri, Ferentino* oder der Kurort *Fiuggi.* Hier wartet ein prächtiges Hotel, das *Grand Hotel Palazzo della Fonte (153 Zi., Via dei Villini 7, Tel. 07 75 50 81, Fax 07 75 50 67 52, www.palazzodellafonte.it, €€€),* in *Acuto* das hervorragende Restaurant *Le Colline Ciociare (So-Abend, Mo und Di-Mittag geschl., Via Prenestina 27, Tel. 077 55 60 49, €€€).*

Circeo **[159 D5]**

Seen- und waldreicher Naturpark, der sich unterhalb Latinas bis auf die bergige Landzunge Monte Circeo (541 m) erstreckt. Bei *San Felice Circeo* Ruinen einer römischen *Akropolis,* an der Spitze der Landzunge die *Grotte der Zauberin Circe,* die der Gegend ihren Namen gab, und längs der Küste die großen fisch- und vogelreichen Seen. Lange, naturbelassene Sandstrände ziehen sich über *Sabaudia* hinauf, touristisch sehr erschlossen sind sie von *San Felice Circeo* im Süden aus gen *Terracina.*

Ostia Antica **[158 C4]**

Eine der am besten erhaltenen römischen Ruinenstädte, die zum einstigen Handelshafen an der Tibermündung gehörte (Baubeginn 4. Jh. v. Chr.). Im gewaltigen *römischen Theater* mit seinen 2700

Plätzen und einer ausgezeichneten Akustik finden im Sommer Theateraufführungen statt.

Palestrina **[159 D4]**

Vom antiken etruskischen Praeneste hat man einen phantastischen Blick bis hinüber auf die Albaner Berge und die Monti Lepini im Süden. Sehenswert das *Museo Nazionale Archeologico Prenestino (tgl. 9 bis 20 Uhr, Piazza della Cortina).*

Sperlonga **[159 E5]**

Der alte Teil des Orts zwischen Terracina und Gaeta thront besonders malerisch im typisch weißen Mittelmeerstil auf einem Hügelsporn überm Meer. Hinzu kommen besonders schöne Strände mit exklusivem Badeleben und ein Museum mit kostbaren Fundstücken aus antiken Römervillen und Grotten.

Tivoli **[159 D4]**

★ Die riesige Ruinenanlage 30 km östlich von Rom war einst der grandiose Landsitz des Kaisers Hadrian (117–138 n. Chr.): Paläste, Tempel, Thermen, Bibliotheken, Theater *(Villa Adriana, tgl. 9 Uhr–1 Std. vor Sonnenuntergang, www.villa-adriana.net).* Außerdem findet sich in Tivoli der Renaissancepalast *Villa d'Este* mit der schönsten Parkanlage Italiens *(Di–So 8.30–18.45 Uhr).*

VITERBO

[158 C3] Die Stadt (61 000 Ew.) mit reicher etruskischer Vergangenheit besitzt ein von Mauern umschlossenes, mittelalterliches Zentrum aus Palästen, Kirchen und Plätzen. In einem gespenstischen Schauspiel trägt am 3. September eine Hundertschaft von starken Männern einen lichterglühenden, gigantischen Turm zu Ehren von Santa Rosa, der Schutzheiligen Viterbos, bis zum Vorplatz der Kirche *Santa Rosa,* in der der mumienhaft vertrocknete Leichnam der Heiligen aufgebahrt liegt.

Das antike Theater von Ostia wird noch heute als Spielstätte genutzt

Das Herz der Altstadt bildet die *Piazza del Plebiscito* mit dem *Palazzo dei Priori* (15. Jh., mit schönem Innenhof, Brunnen und Fresken) und dem *Palazzo del Podestà* (13. Jh. und Turm aus dem 15. Jh.). Noch eindrucksvoller ist die *Piazza San Lorenzo* mit der Kathedrale *San Lorenzo* und dem *Palazzo Papale* mit einer wunderbaren Säulenloggia. Etruskische Ausgrabungsschätze zeigen das *Museo Archeologico (Piazza della Rocca, Di–So 8.30–19.30 Uhr)* und das *Museo Civico (Di–So 9–19 Uhr)* im ehemaligen Kloster *Santa Maria della Verità.*

Selbst gemachte Pasta und Wildschweinbraten bekommen Sie im *Tre Re (Do geschl., Via Macel Gattesco 3, Tel. 07 61 30 46 19, €–€€)* in der Altstadt. Man kann hier auch Thermalkuren und Spafreuden genießen, etwa im eleganten Thermalhotel *Niccolò V Terme dei Papi (23 Zi., Strada Bagni 12, Tel. 07 61 35 05 55, Fax 07 61 35 24 51, www.termedeipapi.it, €€–€€€).*

Im nahen *Bagnaia* bezaubert die barocke Park- und Villenanlage *Villa Lante (Di–So 8.30 Uhr–2 Std. vor Sonnenuntergang).*

ZIELE IN DER UMGEBUNG

Bolsenasee (Lago di Bolsena) [158 C3]

Ein Ausflug (20 km) führt an den von einer Hügelkette sanft umgebenen Vulkankratersee Lago di Bolsena. Aus *Montefiascone,* Bischofssitz mit Dom aus dem 16. Jh. und der interessanten Doppelkirche romanischen Ursprungs *San Flaviano* sowie einem malerischen Burgpark, kommt der Wein Est! Est!! Est!!!

Weiter Richtung Orvieto liegt der kleine Weiler *Civita di Bagnoregio* Schwindel erregend auf einem steilen Tufffelsen und von Erdrutschen und Abstürzen bedroht – eine Touristenattraktion, aber noch bewohnt, mit Cafés, Trattorien und Weinstuben.

Der Hauptort am See, *Bolsena,* besitzt einen malerischen mittelalterlichen Stadtkern mit der Kirche *Santa Cristina* (mit sehenswerten Katakomben). Seefisch bekommen Sie besonders schmackhaft in der *Trattoria La Pietra (Fr-Mittag und Do geschl., Corso Cavour 75, Tel. 07 61 79 87 30, €–€€).*

Tarquinia [158 C3–4]

★ Türme überragen das mittelalterliche Städtchen, an dessen Hauptplatz, der *Piazza Cavour,* der großartige gotische Palazzo Vitelleschi liegt, Sitz des *Museo Nazionale Tarquiniese (Di–So 8.30–19.30 Uhr),* dessen Besuch für jeden, der mehr über die Etrusker und die alte etruskische Stadt Tarxna wissen möchte, ein Muss ist. Zum Bestand gehören ein berühmtes Hochrelief mit zwei Pferden und zahlreiche Grabstättenausmalungen aus der *Nekropole (Di bis So 8.30 Uhr–1 Std. vor Sonnenuntergang)* 4 km östlich.

Tuscania [158 C3]

Der mittelalterliche, befestigte Ort liegt auf einem Tuffsteinhügel über steilen Abstürzen. Den strategisch guten Platz hatten schon die Etrusker für eine Siedlung genutzt. Das *Museo Nazionale Etrusco Di–So 8.30–19.30 Uhr)* zeigt zahlreiche Terrakottagräber. Man kann im *Hotel Dal Gallo (13 Zi., Via del Gallo 24, Tel. 07 61 44 33 88, Fax 07 61 44 36 28, www.algallo.it, €)* übernachten und in dessen gutem Restaurant *(Mo geschl., €€)* essen.

Schnittpunkt der Kulturen

Griechische Tempel und Höhlenstädte, Tomatenfelder und einsame Strände

Der Golf von Neapel, die Küste von Amalfi und Positano und der Vesuv haben Hochzeitsreisende schon immer angezogen. Bildungsreisende wandelten auf den Spuren der antiken Hochkulturen zu den Resten griechisch-dorischer Tempel in Paestum und zu Ruinenstädten wie dem römischen Pompeji; und in Apulien suchten sie die Kathedralen und Kastelle des Mittelalters, die hier die Begegnung der nordischen Kultur der Normannen und Staufer mit den byzantinischen Einflüssen des Orients geschaffen hatte. Meisterwerke der apulisch-romanischen Kirchenarchitektur stehen u. a. in Bari, Bitonto, Trani und Troia.

Dank besserer Straßenverbindungen finden in den letzten Jahren immer mehr Touristen den Weg nach Süditalien, Italiener wie Ausländer, etwa nach Apulien: Stiefelsporn, Ferse und Absatz Italiens, weit und eben, fruchtbar, Kornkammer und Gemüsegarten Italiens, mit den urigen *trulli*-Häusern und den *masserie,* alten, befestigten Gutshöfen, von denen heute einige als Hotels dienen.

Dicht über dem klaren Türkis des Wassers klammern sich an der Amalfiküste die Orte an die Klippen

Ein Landschaftserlebnis ist die Bergwelt der abgeschiedenen Basilikata, die im Südosten das Ionische Meer mit Tomaten-, Melonen- und Erdbeerfeldern berührt und die sich mit dem rauen Kalabrien im Süden das Massiv des Monte Pollino teilt, heute Naturschutzpark und ein aufregendes Wandergebiet.

An den Küsten Kampaniens, der Basilikata und Kalabriens wuchern Badeorte, doch zunehmend entstehen schöne, gepflegte Ferienanlagen am sauberen Meer, die den Weg in die Kataloge anspruchsvoller Veranstalter finden. Besonderen Reiz haben der Golf von Maratea, der Naturpark Cilento und die bezaubernde Amalfiküste. Und natürlich das faszinierende, vitale Neapel. Die MARCO POLO Bände »Golf von Neapel«, »Apulien« und »Kalabrien« berichtet ausführlich.

BARI

[161 D4] Apuliens Hauptstadt wird gern »Mailand des Südens« genannt: Seit Jahrhunderten ist sie Handelsfenster zum Orient, heute jeden September Sitz der größten Verkaufs- und Produktmesse des Mittelmeerraums, der *Fiera del Le-*

vante. Baris weiße Altstadt am Meer mit den schönen alten Kirchen hat den Charakter einer Kasbah. Noch vor ein paar Jahren düster und nicht ungefährlich, wird hier heute viel restauriert, und lebendige Treffpunkte sind die Cafés und Restaurants auf der *Piazza Ferrarese* und der *Piazza Mercantile.*

Jenseits der gewaltigen Verkehrsschneise Corso Vittorio Emanuele beginnt die schachbrettartig angelegte Neustadt mit eleganten Hotels und Ladenstraßen voller Leben und Shoppingflaneure. An die Neustadt schließt sich die chaotisch expandierende Peripherie an, riesige Wohnviertel, die die Explosion Baris aufnehmen müssen: Innerhalb von 80 Jahren hat sich die Einwohnerzahl fast verzehnfacht auf rund 350 000 Ew. Hier sollte es einen nicht hinziehen.

SEHENSWERTES

Basilica San Nicola

In der Apsis dieser schönen apulisch-romanischen Kirche (11./12. Jh.) tragen Steinfiguren den marmornen Bischofsstuhl. Unterm silbernen Altar die auf 26 Säulen ruhende Krypta mit dem Reliquienschrein von St. Nikolaus, Bischof von Myra und Schutzpatron Baris. *Piazza Elia*

Cattedrale San Sabino

Ein zweiter stattlicher Kirchenbau im apulisch-romanischen Stil. Im Kirchenarchiv wird eine kostbare Exsultetrolle (Buchrolle für die katholische Osterliturgie) aus dem 11. Jh. aufbewahrt. *Piazza Odegitria*

Stauferkastell

Die gewaltige Anlage wurde unter Friedrich II. aus einer byzantinisch-normannischen Vorgängerbastion gestaltet. *Di–Do 8.30–19 Uhr*

MUSEUM

Pinacoteca Provinciale

Apulische Kunst vom Mittelalter bis zum 19. Jh., Werke venezianischer Maler wie Bellini und Tintoretto. *Di–Sa 9–13 und (außer im Aug.) 16–19, So 9–13 Uhr, Lungomare Nazario Sauro*

ESSEN & TRINKEN

Locanda di Federico

Man sitzt schön an der Piazza bei *orecchiette,* dem apulischen Öhrchennudeln, und frischem Fisch. *Mo geschl., Piazza Mercantile 63/64, Tel. 08 05 22 77 05, www.locandadifederico.com,* €–€€

Osteria delle Travi

Echte Hausmannskost in den Gassen der Altstadt – zünftig. *So-Abend und Mo-Mittag geschl., Largo Chiurlia 12, Tel. 33 91 57 88 48,* €

ÜBERNACHTEN

Orchidea

Hell und sauber in Bahnhofsnähe. *27 Zi., Via Petroni 11/2, Tel. 08 05 42 19 37, Fax 08 05 42 69 43, www.hotelorchideabari.it,* €

Palace Hotel

Großes, komfortables Kongresshotel. *197 Zi., Via Lombardi 13, Tel. 08 05 21 65 51, Fax 08 05 21 14 99, www.palacehotelbari.it,* €€€

AUSKUNFT

Piazza Aldo Moro 32 a, Tel. 08 05 24 23 61, Fax 08 05 24 23 29

ZIELE IN DER UMGEBUNG

Alberobello **[161 E4]**
Eine einzigartige Hirten- und Bauernarchitektur: runde, weiße Häuschen aus Trockenmauerwerk mit dunklen Kegeldächern, die *trulli*, liegen überall im Dreieck zwischen Bari, Taranto und Brindisi verstreut zwischen Olivenhainen, Mandelbäumen, Gemüsefeldern, Weinreben. In Alberobello (10 000 Ew.) bilden sie eine regelrechte Siedlung, sogar die Kirche Sant'Antonio ist im *trulli*-Stil erbaut, der Ort ist daher einem Touristenrummel ohnegleichen ausgesetzt; noch bis vor 20 Jahren bewohnt, sind heute einige zu Hotels, Ferienwohnungen, Souvenirläden und Pizzerien umfunktioniert worden. Ferienunterkünfte in Trulli vermittelt z. B. *Trullidea (Via Monte Nero 23, Alberobello, Tel. 08 04 32 38 60, www.trullidea.com)*. Eine wunderschöne Unterkunft mit Pool und guter Küche bietet ca. 20 km östlich bei Fasano die *Masseria Marzalossa (7 Zi., Pezze Vicine 65, Tel./Fax 08 04 41 37 80, www.marzalossa.com, €€)*, ein Beispiel dafür, wie edel und charmant heute viele der schönen, einst vom Verfall bedrohten Gutshöfe Apuliens genutzt werden.

Insider Tipp

Bitonto **[161 D4]**
Die Attraktion dieses Städtchens 17 km westlich von Bari ist die

MARCO POLO Highlights »Der Süden Italiens«

★ **Bronzi di Riace**
Die beiden 2500 Jahre alten Griechen aus Bronze in Reggio (Seite 116)

★ **Cattolica**
Byzantinische Kirche aus dem 10. Jh. in Stilo mit fünf Kuppeln (Seite 117)

★ **Paestum**
Griechische Tempelanlage in Kampanien (Seite 125)

★ **Castel del Monte**
Strenge Geometrie auf Kalkbergen (Seite 110)

★ **Museo e Gallerie Nazionali di Capodimonte**
Hoch über Neapel der Bourbonenpalast mit phantastischer Kunstsammlung (Seite 122)

★ **Santa Chiara**
Die Majolikalauben in dem herrlichen Kreuzgang in Neapel (Seite 121)

★ **Sassi**
Ehemalige Höhlenstadt in den Tuffsteinfelsen von Matera (Seite 113)

★ **Kathedrale**
Tranis Wahrzeichen liegt einzigartig am Meer (Seite 113)

★ **Mosaikkunstwerke**
Bilderbogen aus 10 Mio. Steinchen in der Kathedrale von Otranto (Seite 119)

★ **Pompeji**
Dem Lavagestein entrissen: eine vollständige römische Stadt (Seite 125)

»Krone Apuliens«: die achteckige Stauferburg Castel del Monte

grandiose *Kathedrale,* die sich mitten in der weiß gekalkten, verwinkelten Altstadt erhebt: apulisch-romanische Kirchenarchitektur mit schöner Fensterrose und reich verzierten seitlichen Bögen.

Castel del Monte und Canosa di Puglia **[160 C4]**

Schon von weitem sieht man auf einer Anhöhe die »Krone Apuliens«, das achteckige ★ *Castel del Monte* mit acht Türmen, acht Innenräumen, achteckigem Innenhof, Idealarchitektur des Staufers Friedrich II. (erbaut 1240–1250). Einst war die spartanische Burg *(April bis Sept. tgl. 10–20, Okt.–März 9 bis 18.30 Uhr)* reich verziert mit Marmor und byzantinischen Mosaiken.

Die Fahrt zum Kastell im Landesinneren kann über *Canosa di Puglia* führen, ein Beispiel apulischer Kulturvielfalt: die romanische *Kathedrale,* Ruinen der byzantinischen *Basilika San Leucio* und in der Via Cadorna die römischen *Ipogei Lagrasta,* in Tuffstein geschlagene Grabhöhlen aus dem 4. Jh. v. Chr.

Gargano **[160 C2–3]**

Im Zentrum des Gargano, der gewaltigen, bis zu 1000 m hohen Landzunge, Sporn des italienischen Stiefels (und Nationalpark: *www.parks.it/parco.nazionale.gargano*), breitet sich die 110 km^2 große, uralte *Foresta Umbra* aus, ein naturgeschützter Wald aus schattigen Laubbäumen. Die Küste ist im Südosten felsig und steil, mit kleinen Strandbuchten und bizarren Felsformationen, im Norden gibt es Sandstrände und zwei Lagunenseen (Lesina und Varano), außerdem einstige Fischerstädtchen wie Pugnochiuso, Vieste, Peschici, dazu Feriensiedlungen, Hotels und zahllose Campingplätze. Bei *Manfredonia* im Süden finden sich an der Straße nach Foggia zwei Heiligtümer, die an die verschwundene antike Stadt Sipontum erinnern: die romanisch-orientalische Kirche *Santa Maria di Siponto,* viereckig mit Krypta, und 7 km weiter westlich die Kirche *San Leonardo di Siponto* mit schönen Bildhauereien an Portal und Kapitellen. In Manfredonia selbst lohnt das *Museo Archeologico Nazionale del Gargano (tgl. 8.30–19.30 Uhr, 1. und letzter Mo im Monat geschl.)* in der staufisch-angiovinischen Festungsanlage wegen der geheimnisvollen Steinstelen der Daunier, die vor ca. 2500 Jahren den Tavoliere, die apulische Kornebene rund um Foggia, und den Gargano besiedelten.

Oberhalb von Manfredonia führt eine herrliche Panoramafahrt hinauf nach *Monte Sant'Angelo* mit dem Grottenheiligtum des Erzengels Michael (wunderschöne Bronzetür von 1076) und ungewöhnlicher Reihenhausarchitektur im mittelalterlichen Stadtteil *Junno.* Gute Küche bietet die nette *Trattoria Medioevo (Mo geschl., Via Castello 21, Tel. 08 84 56 53 56, €).* 25 km nordwestlich in *San Giovanni Rotondo* huldigen alljährlich über 6 Mio. Pilger einem heutigen Heiligen, dem Wunderheiler Padre Pio.

Bizarre Felsen erheben sich vor der Badebucht des wunderschön auf Terrassen zwischen Olivenbäumen gelegenen Hotels *Baia delle Zagare (150 Zi., Tel. 08 84 55 01 55, Fax 08 84 55 08 84, www.hotelbaiadellezagare.it, €€€)* an der Küstenstraße 17 km nordöstlich von Mattinata.

Von *Vieste* aus, mit malerischer Altstadt und Stauferkastell auf einer von Sandstränden gerahmten Felsklippe am östlichen Zipfel des Gargano, starten Bootsfahrten zu spektakulären *Grotten* wie *Smeralda* und *Campana,* die nur vom Meer aus zu erreichen sind. Vor dem Strand erhebt sich das Wahrzeichen des Gargano, der *Pizzomunno* genannte, turmartige Kreidefelsen, die »Spitze der Welt«. Über eine schöne Küstenfahrt erreicht man *Peschici* hoch auf dem äußersten Felsen des Sporns, mit hübscher Altstadt und kleinem Hafen ein besonders beliebtes Feriennest am Gargano. Ein weiteres Wahrzeichen sind die *trabucchi,* weit ins Meer ragende Fischfangkonstruktionen, manche heute als Restaurant genutzt.

Pizzomunno, »Spitze der Welt«: der markante Kreidefelsen auf dem Gargano

Grotte di Castellana **[161 D4]**
Bei Castellana an der Straße nach Putignano steigt man hinunter in die schönsten *Tropfsteinhöhlen* Italiens (s. Kapitel »Mit Kindern reisen«), ein Labyrinth aus Gängen und Höhlen, Höhepunkt die *Caverna Bianca,* ein Kuppelsaal aus Alabaster. *Tgl. stdl. Führungen, eine kurze (500 m) und eine 3 km lange, Innentemperatur 15 Grad*

Martina Franca **[161 E4–5]**
Das Barockstädtchen (45 000 Ew.) mitten in der Murgia auf 430 m Höhe war im 17. Jh. Sitz einer ehrgeizigen Fürstenfamilie, die einen Bauboom beim Bürgertum auslöste: Es entstanden ganze Straßenzüge mit Barockfassaden, z. B. die Via Cavour, reich dekoriert mit Steinmetzverzierungen und verschnörkeltem Gitterwerk. Das Schmiedehandwerk lebt heute noch. Alljährlich im Juni/Juli finden renommierte Musikfestspiele statt. Man übernachtet originell in renovierten Wohnungen mitten im Zentrum: *Villaggio In (Largo Magli 6, Tel. 080 70 59 11, Fax 080 70 50 17, www.villaggio in.it, €–€€).*

Der Ort eignet sich gut als Basis für Touren zum Keramikzentrum Grottaglie, nach Taranto, in die Ballungsgebiete der Trulli, zu den Grottenkirchen zwischen Massafra, Mottola und Matera, in wunderhübsche, weiß gekalkte Städtchen orientalischen Flairs wie Cisternino, Ceglie Messapica und Ostuni oder zu malerischen Küstenorten wie z. B. Polignano a Mare. *Ceglie Messapica* zeichnet sich durch eine Reihe guter Lokale aus, darunter das *Al Fornello da Ricci (Mo-Abend und Di geschl., Contrada Montevicoli, Tel. 08 31 37 71 04, €€).*

Ruvo di Puglia **[161 D4]**
In das sympathische Landstädtchen 35 km nordwestlich lohnt der Ausflug wegen der wunderbaren romanischen *Kathedrale,* wegen des besonders interessanten *Museo Nazionale Jatta (tgl. 8.30–13.30, Sa auch 14.30–19.30 Uhr, Piazza Bovio 35)* und wegen des ausgezeichneten Restaurants *U.P.E.P.I.D.D.E. (Mo geschl., Via Sant'Agense 2, Tel. 08 03 61 38 79, €–€€).*

Tarent (Taranto) **[161 E5]**
Man braucht schon eine gewisse Entschlossenheit, um sich nicht von den Stahlfabriken der Industrie- und Hafenstadt Taranto (210 000 Ew.) abschrecken zu lassen. Wer nach Spuren von Tarras sucht, vor zweieinhalb Jahrtausenden eine der reichsten und entwickeltsten Handelsstädte der Magna Graecia, dem sei ein Besuch des *Museo Archeologico Nazionale* empfohlen, neben dem Museum von Neapel die beste archäologische Sammlung Italiens. Höhepunkt sind die antiken Gold- und Silberschätze *(Corso Umberto 141, wird zzt. restauriert, eine Auswahl sieht man tgl. 8.30–19.30 Uhr im Palazzo Pantaleo in der Altstadt, Largo San Domenico, www.museo taranto.it).*

Interessant ist die topografische Anlage der Stadt: Sie erstreckt sich auf zwei Landzungen, die eine Art Binnenmeer, das *Mare Piccolo,* bilden und zwischen deren Spitzen eine kleine Insel liegt, auf der sich die Altstadt ausbreitet, mit einem Kastell (1480) und einem Dom romanischen Ursprungs mit Barockfassade.

Trani **[161 D3–4]**
Seinen Ruhm unter den Küstenstädten zwischen Bari und dem

Garganosporn verdankt das freundliche Trani (45 000 Ew.) seiner ganz hellen, normannisch-romanischen ★ *Kathedrale* mit ihrer ungewöhnlichen Architektur, kostbaren Steinmetzverzierungen, dem Bronzeportal (wird zzt. restauriert) und ihrer einzigartigen Lage am Meer – einst Orientierungspunkt für die Seefahrer. Direkt am Wasser liegt auch das unvermeidliche *Stauferkastell.* In der Altstadt isst man im nach Blüten duftenden Innenhof des *Corteinfiore (So-Abend und Mo geschl., Via Ognissanti 18, Tel. 08 83 50 84 02, www.corteinfiore.it, €€).*

Tremitiinseln (Isole Tremiti) **[160 B2]**

Man sagt von ihnen, sie seien die schönsten »Tropeninseln« Italiens: zunächst der große, flache Felsrücken *Isola San Domino* mit Pinienwäldern und grottenzerfressener Küste, ein Taucherparadies, dann der unbewohnte Felssplitter *Isola Cretaccio,* schließlich die *Isola San Nicola* mit einer einst befestigten *Benediktinerabtei* aus dem 9. Jh., die von Zisterziensern gotisiert wurde. 300 Menschen bewohnen die Inselgruppe in kleinen Fischerdörfern, die mittlerweile sehr auf Tourismus zugeschnitten sind. Im Sommer bringen Schiffe von Manfredonia, Vieste, Rodi Garganico, Ortona, Vasto und vor allem von Termoli in Molise über 10 000 Tagesausflügler.

BASILIKATA

Appennino Lucano **[160–161 C–D5]**

Von der Küstenebene Metapontos aus steigt man durch große, weite Flusstäler mit Industrieansiedlung langsam hinauf in den Appennino Lucano, z. B. durchs Basentotal Richtung *Potenza,* der nüchternen Regionalhauptstadt (65 000 Ew.). Auf der Fahrt trifft man auf archaisch anmutende Ortschaften. Abstecher lohnen beispielsweise ins mittelalterliche *Tricarico* mit seiner Produktion der bekannten lukanischen Würste oder Richtung *Castelmezzano* in die atemraubende Landschaft der *Dolomiti Lucani,* steile, stiftartige Kalkfelsen, an die sich Bergdörfchen schmiegen.

Maratea **[160 C6]**

Die Küste oberhalb Marateas vor dem eindrucksvollen Hintergrund von Gipfeln wie dem 2005 m hohen Monte Sirino gilt als schönster Abschnitt im Golf von Policastro, weil dieser Küstenabschnitt weniger zerstört ist durch planlose Bauerei als die kalabrische Küste. Traumhaft ist der *Strand von Acquafredda.* Hier finden Sie das Jugendstilhotel *Villa Cheta Elite (20 Zi., Tel. 09 73 87 81 34, Fax 09 73 87 81 35, www.villacheta.it, €€–€€€).*

Matera **[161 D5]**

Ein romanisch-normannischer *Dom* (13. Jh.), eine *Feudalburg* von 1515, die *Chiesa del Purgatorio* mit makabren Fegefeuerszenerien, doch die ganz große Sehenswürdigkeit sind die ★ *sassi:* eine unterhalb des neuen Matera (52 000 Ew.) in eine steile Felsschlucht hineingestufte Höhlenstadt. Hier lebten noch bis in die Fünfzigerjahre über 20 000 Menschen, doch ihre Lebensbedingungen in den dunklen, ungesunden Grottenhäusern wurden als nationale Schande angesehen. Neubauten und Aussiedlungen waren die Folge; heute beginnt man eine Neubelebung, auch mit Hilfe öffentlicher Gelder, denn, Ironie des Schicksals, nunmehr stehen die *sassi* auf der Weltkulturerbeliste der Unesco. Die ersten Hotels entstehen aus den Höhlenhäusern, so z. B. Hotel *Sassi (17 Zi., Via San Giovanni Vecchio 89, Tel. 08 35 33 10 09, Fax 08 35 33 37 33, www.hotelsassi.it, €).*

Melfi **[160 C4]**

Wichtiger nördlicher Stützpunkt in der Basilikata ist die Stadt Melfi (15 000 Ew.) an der Nordflanke des Monte Vulture (1327 m), der mit seinen dichten Wäldern an den ursprünglichen Namen der Region erinnert: Lucania, von *lucus* = Wald, beliebtes Ausflugsziel auch dank der beiden *Kraterseen von Monticchio* mit zwei *Benediktinerklöstern* aus dem 12. Jh., das eine Ruine, das andere im 18. Jh. umgebaut. Melfi selbst war im 11. Jh. erster Stützpunkt der Normannen in Süditalien. Heute ist das später von Friedrich II. umgebaute Kastell Sitz des *Museo Nazionale Archeologico (Mo 14–20, Di–So 9–20 Uhr)* mit interessantem Material zur Frühgeschichte der Lukaner, der Ursiedler. Außerdem steht hier der aus dem nahen *Rapolla* (5 km, ein malerisches Bergstädtchen mit romanischen und byzantinischen Kirchen) stammende Sarkophag einer Römerin mit wunderbaren Steinreliefs von 165–170 n. Chr. Am Rand von Melfi finden sich die *Felsenkirchen Madonna della Spinelle, Santa Lucia* und *Santa Margherita* mit byzantinisch inspirierten Wandmalereien aus dem 13. Jh.

In *Barile,* ein paar Kilometer südlich, lagert in Felskellern der Aglianico, ein voller Rotwein, einziger DOC-Wein der Basilikata, der rund um Melfi angebaut wird. Diesen Wein bekommen Sie zum *cutturiedd',* dem lukanischen Ziegenbraten, im gepflegten Restaurant *Novecento (Mo geschl., Tel. 09 72 23 74 70, €€)* am Stadtrand Melfis im Ortsteil Incoronata. Ein eleganter Übernachtungstipp in Barile: *Locanda del Palazzo (15 Zi., Piazza Caracciolo 7, Tel./Fax 09 72 77 10 51, info@locandadelpalazzo.com, €€)* mit hoch gelobtem Restaurant *(So-Abend, Mo und mittags geschl., €€–€€€).*

20 km östlich Melfis erreicht man *Venosa* mit stattlichem *Schloss* und *Kathedrale* aus dem 15. Jh., dazu das *Geburtshaus* des römischen Dichters Horaz (hier 65 v. Chr. geboren) und die aus verschiedenen Vorgängerbauten (römische Spuren) verschachtelte normannische *Klosteranlage Trinità,* nie ganz vollendet und heute ein wildromantischer Ruinenkomplex.

Metaponto **[161 D5]**

Heute ist Metaponto eine moderne Ortschaft längs der ionischen Küste, die von Sommertourismus und experimentellem Gemüseanbau lebt. Einst aber war sie die berühmte Griechenstadt Metapontum, in der Pythagoras wirkte und 497 v. Chr. starb: Davon zeugen die *Tavole Palatine,* 15 Säulen eines dorischen Tempels an der Staatsstraße 106. Zu den griechischen Zeugnissen gehören auch der *Parco Archeologico* sowie des *Antiquarium (mit Archäologiemuseum, Di–So 9–20 Uhr)* mit reicher Sammlung archäologischer Funde, Vasen, Schmuck. Eine zweite bedeutende Griechenstadt war Heraclea 20 km südlich von Metaponto. Von ihr zeugt das *Museo Nazionale della Siritide (Mi–Mo 9 bis 20, Di 14–20 Uhr)* in *Policoro,* auch mit Funden aus Siris, einer dritten Griechenstadt.

KALABRIEN (CALABRIA)

Aspromonte [162 C5]

Die Stiefelspitze, äußerster südlicher Zipfel der Apenninhalbinsel zwischen dem Tyrrhenischen und dem Ionischen Meer, von mehr als 300 km Küste umspült, ist von hohen Bergketten durchzogen, im Süden der Aspromonte, rauer, unwegsamer Ausklang des Apennins: zerklüftet, zersprungen, labyrinthisch gefaltet und immer wieder von dichter Vegetation bedeckt, in der sich einst die Briganten verbargen und in der heute die kalabrische Mafia, die *'ndrangheta,* ihre Entführungsopfer versteckt. Die Überquerung des Aspromonte von Bagnara Calabra am Tyrrhenischen nach Melito di Porto Salvo am Ionischen Meer bietet grandiose Landschaftsausblicke.

Insider Tipp

Crotone und Isola di Capo Rizzuto [163 D4]

Bei der Industriestadt Crotone (60 000 Ew.) am Ionischen Meer, vor 2500 Jahren die Griechenstadt Kroton (im *Museo Archeologico Statale* Funde aus der Zeit), mit ihrem heißen, schattenlosen Hinterland, dem Marchesato, Zentrum des kalabrischen Tomatenanbaus, liegt die touristisch erschlossene Küste um die Halbinsel *Isola di Capo Rizzuto,* eine trockene, steppige Felsplatte im Meer (gut für Taucher). Im Süden liegt der Ferienort *Le Castella* (mit großer Ferienanlage), dem auf einem Inselchen eine von Wasser umgebene aragonesische *Burg* vorgelagert ist.

Locri [162 C5]

Nahe beim modernen Locri (13 000 Ew.) finden sich Richtung Bovalino die Ausgrabungsstätten des griechischen *Locri Epizephyrii:* Reste eines ionischen und eines dorischen Tempels, eines griechisch-römischen Theaters sowie des Heiligtums der Persephone. Das Museum zeigt unter anderem die Votivtafeln der Persephone aus Terrakotta *(Di–So 9–19.30 Uhr).*

Oberhalb von Locri liegt *Gerace* (11 km), ein auf drei Terrassen angelegter mittelalterlicher Weiler mit einer wunderbar weiträumigen romanischen *Kathedrale;* die Säulen im Innern und in der Krypta sind Reste des antiken Locri. Eine Passstraße führt von hier auf die andere Küstenseite bei Gioia Tauro. Der *Passo del Mercante* (952 m) bietet den Blick über beide Meere.

Monte Pollino [162 C2]

Insider Tipp

Castrovillari, moderne Kleinstadt (17 000 Ew.) inmitten einer fruchtbaren Mulde, mit pittoreskem Kern, aragonesischem *Kastell* und der Renaissancekirche *San Giuliano* ist Ausgangspunkt für Ausflüge ins Pollinomassiv, Süditaliens höchste Bergkette (bis 2248 m): Flusstäler voll üppiger Vegetation, spröde die kahlen, kalkigen Höhen, seit 1992 Nationalpark, den sich der Norden Kalabriens mit dem Süden der Basilikata teilt. Unter Wanderfreunden gilt die Route durch das Pollinogebirge von Küste zu Küste als außergewöhnliches Naturerlebnis.

Seit mehr als 1000 Jahren schmücken fünf Kuppeln die Kirche in Stilo

Infos zum Park und zu Trekkingreisen finden Sie z. B. auf den Websites *www.guidapollino.it*, *www.parcopollino.it*, *www.skr.de* und *www.sprachcaffe-italien.com*. Zwei der besten Restaurants: in *Castrovillari* das Bauernhaus *La Locanda di Alia (So geschl., auch 14 Zi., Via Jetticelle 69, Tel./Fax 098 14 63 70, www.alia.it, €€)* sowie *Barbieri* in *Altomonte (Via San Nicola 30, auch 36 Zi., Tel. 09 81 94 80 72, Fax 09 81 94 80 73, www.barbierigroup.it, €€)*.

Ein Bergdorf verdient besondere Erwähnung, *Morano Calabro*. Seine alten Häuser gruppieren sich malerisch um die Ruinen eines Kastells. Unter den Kirchen sticht die barocke Kollegiatskirche mit bunt geschindeltem Kuppeldach hervor.

Reggio di Calabria **[162 C5]**

Vor 2500 Jahren als Rhegion Teil des griechischen Imperiums, verkommt die Stadt (170 000 Ew.) heute in der Zange zwischen hoher Kriminalität und Arbeitslosigkeit zu einer der unwirtlichsten Italiens. Doch der Kalabrienreisende kommt nicht umhin, ihr einen Besuch abzustatten: Im *Museo Nazionale (Di–So 9–19.30 Uhr, Piazza De Nava 26)* stehen stolz die beiden ★ Bronzi di Riace, bronzene Krieger aus dem 5. Jh. v. Chr., die man dem Griechen Phidias und Schülern zuspricht. Sie wurden 1972 im Ionischen Meer vor Riace gefunden. Im zentralen *Café Cordon Bleu (Corso Garibaldi 205, Tel. 09 65 33 24 47, €)* können Sie sich an süßen Dingen oder einer geeisten Mandelmilch laben.

Rossano **[163 D3]**

An den östlichen Hängen der Sila Greca gelegen, einst Zentrum byzantinischer Kultur, birgt diese Stadt (36 000 Ew.) einen ganz besonderen Schatz im *Museo Diocesano:* einige Seiten des »Codex Purpureus Rossanensis«, eines im 6. Jh. von griechischen Mönchen auf purpurfarbenem Pergament geschriebenen und gemalten Evangelienbuches. *Di–Sa 9.30–12.30 und 16 bis 19, So 10–12 und 16.30–18.30 Uhr*

San Demetrio Corone **[163 D3]**
Eines von 24 albanischen Dörfern in Kalabrien. Die Albaner hatte es Ende des 15. Jhs. auf der Flucht vor den Türken nach Italien verschlagen. Sie siedelten sich in Süditalien und Sizilien an, die meisten hier in Kalabrien, östlich und westlich der Sila Greca. Jedes Jahr im Mai findet im nahen *Santa Sofia d'Epiro* ein großes, farbenprächtiges Fest der Albaner statt.

Stilo **[163 D5]**
In diesem Ort (3500 Ew.), auf 400 m Höhe am Felshang mit Blick aufs Ionische Meer gelegen, stößt man auf eine der bedeutendsten Sehenswürdigkeiten Kalabriens: die ★ *Cattolica,* eine kleine byzantinische Kirche aus dem 10. Jh., aus Ziegeln gebaut, mit fünf Kuppeln und Mosaikresten.

Tropea **[162 C4]**
Tropea (7500 Ew.) in großartiger Lage auf einem Steilfelsen direkt über dem Strand, mit bedeutender *Kathedrale,* ist einer der attraktivsten und teuersten Küstenorte in Kalabrien (empfehlenswert sind auch *Diamante* und *Praia a Mare* im Norden). Bizarre Felsformen steigen aus dem Meer hervor, feiner Sandstrand leitet hinein in noch sauberes Wasser, etwa bei *Capo Vaticano* an der südlichsten Landspitze.

3 km östlich um Parghelia liegen besonders schöne, aufwändige Ferienhotels, z. B. das luxuriöse *Porto Pirgos (18 Zi., Marina di Bordila, Tel. 09 63 60 03 51, Fax 09 63 60 06 90, www.portopirgos.com, €€€)* und *Santa Lucia (91*

Capo Vaticano bei Tropea besticht mit leuchtend blauem, sauberem Wasser

Zi., San Nicola, Tel. 09 63 60 07 22, Fax 09 63 60 06 53, www.hotel-santalucia.it, €–€€).

LECCE UND SALENTO

[161 F5] Lecce (91 000 Ew.) bietet einmalige Szenarien barocker Pracht des 16., 17. und 18. Jhs., Ergebnis spanischen Einflusses. Es ist urbaner Mittelpunkt des Insider Tipp Salento, des fast inselförmigen Stiefelabsatzes, der mit uralten Olivenhainen und zauberhaften Küstenstädtchen, mit in schöne Ferienresorts umgewandelten alten Gutshöfen, den *masserie,* und mit einer lebendigen Musikszene eine Entdeckung wert ist. Lecces Palazzi, Kirchen und vor allem die stimmungsvolle Domanlage schmücken kunstvolle Verschnörkelungen aus weichem gelbem Tuffstein. Im Zentrum stehen ein römisches *Amphitheater* und ein von Karl V. gebautes *Kastell* (hier täglich großer Markt).

Übernachten kann man in einigen stattlichen Komforthotels, z. B. im Hotel *Patria Palace (67 Zi., Tel. 08 32 24 51 11, Fax 08 32 24 50 02, www.patriapalacelecce.com, €€€),* einer Komfortoase an der schönen Piazzetta Riccardi in der Altstadt. Eine Einkehrempfehlung ebenfalls in der Altstadt: *Osteria degli Spiriti (Sa, So-Abend und Mo-Mittag geschl., Via Cesare Battisti 4, Tel. 08 32 24 62 74, €).* Das Strandleben spielt sich an der Adria ab, in *San Cataldo* und von dort hinunter ins hübsche *Torre dell'Orso* und weiter bis nach Otranto.

ZIELE IM SALENTO

Gallipoli **[161 F6]**
Eine der schönsten Städte Süditaliens (20 000 Ew.), zumindest die verwinkelte, mit Barockpalästen durchsetzte Altstadt, die auf einer vorgelagerten Insel liegt. An der zauberhaft mit Majoliken geschmückten Kirche Santa Maria della Purità bekommen Sie fangfrischen Fisch im *La Puritate (Mi*

Harmonisches Ensemble: Lecces Domplatz in abendlicher Beleuchtung

geschl., Via Sant'Elia 18, Tel. 08 33 26 42 05, €€). Vor der Brücke, die die Altstadt mit der auf dem Festland gelegenen Neustadt verbindet, steht die *Fontana Ellenistica,* ein spätantiker Brunnen.

Griechendörfer **[161 F5–6]**
Es gibt immer noch Dörfer im Salento, in denen die Alten Griechisch sprechen: Calimera, Sternatia, Soleto, Martignano, Martano, Castrignano de'Greci, Corigliano d'Otranto. Auch die Jungen eignen es sich in letzter Zeit verstärkt wieder an, in Liedern, Gedichten und auf Festen, im Kulturaustausch mit dem griechischen Mutterland und mit anderen noch aus der Antike und dem Mittelalter übrig gebliebenen Griechendörfern in Italien.

Otranto **[161 F5]**
Die östlichste Stadt Italiens ist einer der attraktivsten Ferienorte des Landes. Otranto (5000 Ew.) bietet eine malerische, weiße und lebhafte Altstadt, sauberes Meer, ein reichhaltiges Angebot an Urlaubsdomizilen, von der einfachen Pension über Ferien auf einem Bauernhof (in den stattlichen, weißgrauen *masserie*) bis zum luxuriösen Feriendorf, und eines der bedeutendsten ★ Mosaikkunstwerke der Welt: auf dem *Fußboden des Doms* der 1596 m^2 große Bilderbogen mit mythologischen Fabelwesen, rätselhafter Symbolik und biblischen Geschichten. Er ist ein einzigartiges Beispiel mystischer Vereinigung christlicher und östlicher Kultur, das der Mönch Pantaleone zwischen 1163 und 1166 aus rund 10 Mio. farbigen Steinchen legte.

Nach dem Dombesuch können Sie sich gut stärken unter der Laube bei *Sergio (Mi geschl., Corso Garibaldi 9, Tel. 08 36 80 14 08, €€).* Auf dem Weg nach Porto Badisco eine besonders schöne *masseria* mit 14 Ferienwohnungen und ausgezeichnetem Restaurant: *Tenuta il Gambero (Tel. 08 36 80 11 07, Fax 08 36 80 13 03, www.tenutailgambero.it, €€).*

Eine schöne Landschaft bietet die hohe Felsküste südlich von Otranto hinunter nach *Santa Maria di Leuca* am südlichsten Zipfel Apuliens mit der Wallfahrtskirche *Finibus Terrae* (Ende der Welt).

Neapel (Napoli)

[159 F6] Vom Meer aus gesehen, aus der Entfernung, ist Neapel, die am dichtesten besiedelte Stadt Europas (1,2 Mio. Ew.), wunderschön verheißungsvoll. Zur Kulisse gehört südlich der breite Kegel des Vesuvs, nach dem Ätna der zweitgrößte tätige Vulkan Italiens, wenn auch seit 50 Jahren passiv. Seit 3000 Jahren lebt diese Stadt: zunächst aus drei griechischen Siedlungskernen zusammengeschmolzen, dann römisch, byzantinisch; ab 1159 wurde sie Teil des sizilianischen Königreichs und Sitz der französischen, spanischen, habsburgischen und bourbonischen Könige Neapels. Nach 1860, der italienischen Nationalstaatsbildung, verlor sie ihren monarchischen Glanz. Zu Bauspekulation, mafioser Kriminalität und Arbeitslosigkeit kamen 1980 die großen Schäden eines Erdbebens.

Den frischen Wind, der in den Neunzigerjahren aufkam – mit einem engagierten Bürgermeister, Bürgervereinen, Restaurierungen von Palazzi und Museen, der Öff-

In Neapels Altstadt: unermüdliches Treiben und Leben auf der Straße

nung neuer Hotels –, haben die Machenschaften der Camorra, heute aktiver denn je, zum Erliegen gebracht. Das überschattet das Lebensgefühl der Neapolitaner, wobei die Stadt selbst ein attraktives Reiseziel bleibt.

Ein erster Stadtspaziergang könnte die schnurgerade, 3 km lange Straßentrasse Via Benedetto Croce–Via San Biagio dei Librai–Via Vicaria Vecchia entlangführen, die die Altstadt durchschneidet und deshalb allgemein Spaccanapoli genannt wird: Palazzi, Kirchen, Seitengassen mit lebhaftem Treiben. Ausführlich berichtet der MARCO POLO Band »Golf von Neapel«.

SEHENSWERTES

Castel Nuovo

Auch Maschio Angioino genannt, seit dem 13. Jh. Residenz der neapolitanischen Könige, im 15. Jh. kam der wunderbare Renaissancebogen dazu. Heute ist die Burg Sitz von Ausstellungen. *Mo–Sa 9–19 Uhr, Piazza Municipio*

Castel dell'Ovo

Auf einer kleinen Felsinsel steht trutzig die normannische Burg, Wahrzeichen für die Unzerstörbarkeit Neapels: Vergil soll ein Ei in die Mauern des Kastells eingebaut haben, begleitet vom Orakel, dass Neapel so lange bestehen wird, wie dieses Ei unversehrt bleibt. Ihr zu Füßen drängen sich der Fischerhafen *Porto Santa Lucia* und der *Borgo Marinaro* mit Trattorien und Cafés.

Castel Sant'Elmo/San Martino

Die Wehranlage von 1329 erhebt sich am Ostrand des Vomeroplateaus; davor das große barockisierte Kartäuserkloster *San Martino,* Sitz des stadtgeschichtlichen Museums mit schöner *Krippensammlung (Do bis Di 8.30–19.30 Uhr, Certosa San Martino).* Vom Park herrliche Ausblicke auf den Golf.

Catacombe di San Gennaro

Der eindrucksvollste unterirdische Friedhof in Süditalien mit frühchristlichen Graffiti (2. Jh.). *Einlass*

Di–So 9, 10, 11, 12 Uhr, Tondo di Capodimonte, Eingang bei der Basilica della Madre del Buon Consiglio

Duomo San Gennaro
Im immer wieder umgestalteten französisch-gotischen Dom des Schutzpatrons Neapels befindet sich die Schatzkapelle mit Reliquien und dem Blut des San Gennaro, das sich zweimal im Jahr, im September und Mai, unter der Suggestion inbrünstiger Gebete verflüssigt. *Via Duomo*

Insider Tipp

Napoli Sotterranea (Unterirdisches Neapel)
Die Stadt liegt auf Tuffstein, in den Höhlen, Grüfte, Zisternen und Katakomben gegraben sind. An der *Piazzetta San Gaetano 68* steigt man hinab in Neapels Unterwelt, ein schon von Griechen und Römern in den Lavafels getriebenes Labyrinth *(Führungen auch in Deutsch Mo–Fr 12–16, Do auch um 21, Sa/So 10–18 Uhr, www.napolisotteranea.org).*

Palazzo Reale
Dieser große Palast (17. Jh.) war von 1734 bis 1860 Regierungssitz der Bourbonen. Zu besichtigen sind das schöne Treppenhaus und die prächtig ausgestatteten Gemächer *(Do–Di 9–19 Uhr)*. Der Palazzo liegt an der weiten, restaurierten *Piazza del Plebiscito,* die wirkungsvoll eingefasst wird von der dem römischen Pantheon nachempfundenen klassizistischen Kirche San Francesco di Paola.

San Lorenzo Maggiore
Eine der schönsten mittelalterlichen Kirchen Neapels. Unter dem angeschlossenen Franziskanerkloster hat man sehr sehenswerte griechische und römische Siedlungsspuren gefunden. *Mo–Sa 9.30–17.30, So 9.30–13.30 Uhr, Piazza San Gaetano*

Santa Chiara
★ Zur französisch-gotischen Kirche gehört der *Convento dei Minori,* berühmt wegen seiner bunten Majolika-

Pizza

Der Siegeszug des neapolitanischen Fastfoods aus dem 18. Jh.

Sie taucht im 18. Jh. als schneller und billiger Imbiss auf den Straßen Neapels auf: ein ganz simpler, elastischer Teig aus Mehl, Hefe, Wasser und Salz, gewürzt mit Olivenöl, Origano, Basilikum, später kommen Tomaten und gesalzene Sardellen dazu. Anfang des 19. Jhs. ist Neapel schon voller Pizzerien, aber im restlichen Italien kennt man sie noch nicht. Hierher gelangt sie erst im 20. Jh., und zwar auf dem Umweg über Amerika. Dort hatte sich die Pizza durch die italienischen Emigranten geradezu boomartig verbreitet, und von dort trat sie nun ihren Siegeszug nach Europa an. Obwohl man sie heute überall bekommt, ist bei einem Besuch Neapels der Genuss einer echten *pizza napoletana* (mit Tomaten, Mozzarella und Sardellen) immer ein Erlebnis.

lauben im lauschigen Kreuzgang der Klarissen. *Mo–Sa 9.30–18, So 9.30–14 Uhr, Via Benedetto Croce*

Teatro San Carlo
Ein Tempel des Melodramas, ursprünglich in barocker Pracht, nach einem Brand im Jahr 1816 neoklassizistisch wieder in Stand gesetzt. Eines der schönsten Opterntheater Italiens, das man auch besichtigen kann. *Via San Carlo 93, Theaterkasse: Tel. 08 17 97 24 12 (Spielzeit Nov.–Juni), www.teatrosancarlo.it*

Zahnradbahnen (Funicolari)
Sie bringen zum höher gelegenen, einst großbürgerlichen Stadtteil Vomero: Funicolare Centrale *Via Toledo–Piazza Fuga,* Funicolare di Chiaia *Via Parco Margherita–Via Cimarosa,* Funicolare di Montesanto *Piazza Montesanto–Via Morghen,* schöne Aussichten auf der Fahrt mit dem Funicolare di Mergellina *(Via Mergellina–Via Manzoni).*

MUSEEN

Cappella Sansevero
In der kleinen Rokokokirche sind kostbare Skulpturen ausgestellt, vor allem der »verschleierte Christus« von Giuseppe Sammartino (1753). *Mo und Mi–Sa 10–17.40, So 10 bis 13.10 Uhr, Via de Sanctis 19*

Museo Archeologico Nazionale
Eine der größten Altertumssammlungen der Welt, u. a. mit Wandmalereien aus Pompeji und Herculaneum. *Mi–Mo 9–20 Uhr, Piazza Museo*

Museo e Gallerie Nazionali di Capodimonte
★ Der prächtige Königspalast Capodimonte in einer schönen Parkanlage hoch über der Stadt beherbergt die überreichen Kunstsammlungen der verschiedenen Herrscher Neapels: unter anderem Werke von Simone Martini, Masaccio, Caravaggio, Bellini, Correggio, Tiziano, Breughel und vielen anderen. Zum Wohnbereich gehört ein Salon aus Porzellan, Werk der berühmten Porzellanmanufaktur von Capodimonte. Auch Ausstellungen zeitgenössischer Kunst. *Do–Di 8.30 bis 19.30 Uhr, Via di Capodimonte*

ESSEN & TRINKEN

La Chitarra
Handfeste Trattoria mit typisch neapolitanischer Küche, genau das Richtige beim Altstadtbummel. *Sa-Mittag, Mo-Abend und So geschl., Rampe San Giovanni Maggiore 1 b, Tel. 08 15 52 91 03,* €

Ciro a Santa Brigida
Ein viel gerühmtes Traditionsrestaurant bei Neapels Einkaufspassage Galleria Umberto I. *So geschl., Via Santa Brigida 71/74, Tel. 08 15 52 40 72,* €–€€

Da Michele
Das Lokal liegt im berüchtigten Stadtviertel Forcella, doch für die Neapolitaner isst man hier die beste Pizza, in geselliger Runde auf Holzbänken an Marmortischen. *So geschl., Via Cesare Sersale 1/3, Tel. 08 15 53 92 04,* €

EINKAUFEN

Edle Geschäfte konzentrieren sich vor allem in den Straßen *Via Chiaia, Via dei Mille, Via Roma.* Neapel ist aber vor allem eine Stadt der Märkte: z. B. *Mercatino di Antignano*

Im 19. Jh. eine der ersten Hochburgen des Tourismus: Sorrent

(Piazza degli Artisti) auf dem Vomero (So) und *Mercato del Casale di Posillipo* (Do); die *Spaccanapoli* und deren Seitengassen sind voller kleiner Geschäfte und Händler. Auf der *Via San Gregorio Armeno* ist ab 8. Dezember ein *Krippenmarkt.*

ÜBERNACHTEN

Costantinopoli 104

Zauberhaftes Hotel mit lauschigem Garten mitten in der Alstadt nahe der Piazza Bellini. *19 Zi., Via Santa Maria di Costantinopoli 104, Tel. 08 15 57 10 35, Fax 08 15 57 10 51, www.costantinopoli104.com,* €€€

Suite Esedra

Charmantes, kleines Hotel zwischen Bahnhof und Corso Umberto. *17 Zi., Via Cantani 12, Tel./Fax 08 15 53 70 87, www.sea-hotels.com,* €€

AM ABEND

Neben Volks-, Puppen-, und Avantgardetheater sowie Oper hat Neapel eine lebhafte Musikszene. Ein beliebter Treff ist die lauschige *Piazza Bellini* mit ihren Cafés unter Bäumen, etwa das *Intra Moenia.* Veranstaltungsprogramme und Karten: *Box Office, Galleria Umberto I 16, Tel. 08 15 51 91 88*

AUSKUNFT

Am *Hauptbahnhof,* an der *Piazza Plebiscito (Palazzo Reale)* und an der *Piazza Gesù Nuovo, Tel. 08 15 52 33 28,* hier Informationsbroschüre »Qui Napoli« in Italienisch/Englisch. Für den intensiven Besuch Neapels und Umgebung lohnt sich die Campania Card *(www.campaniartecard.it).*

ZIELE IN DER UMGEBUNG

Amalfi und Halbinsel von Sorrent **[159 F6]**

Südlich von Neapel schiebt sich die felsige, hoch aufgebockte Halbinsel Sorrents weit ins Meer hinein auf die Insel Capri zu, mächtige Trennwand zwischen dem Golf von

Neapel und dem Golf von Salerno. Auf der Südseite liegt die *Costa Amalfitana* mit Positano, Amalfi, Ravello. Die Küste ist eine der schönsten Italiens, ein Auf und Ab von Schluchten, Klippen, schroffen Felswänden, Buchten, an den sanfteren Hängen und auf Terrassen Zitrushaine, Weinberge, Mandel- und Olivenbäume und überall Kletterblumen, wilde Rosen, Bougainvillea.

Das auf einem Felsplateau hoch über der Küste liegende *Sorrento* (17 000 Ew.) mit lebhaftem Sommertourismus und vielen traditionsreichen Prachthotels hat sich auf das Handwerk der Holzintarsien spezialisiert. Zwei Feinschmeckeradressen auf der Halbinsel sind in *Sant'Agata sui Due Golfi* das Toprestaurant *Don Alfonso 1890 (Di-Mittag und Mo geschl., Tel. 08 18 78 00 26, www.donalfonso.com, €€€)* sowie in der Bucht *Marina del Cantone* bei Nerano die *Taverna del Capitano (15 Zi., Tel. 08 18 08 10 28, €€, Restaurant Mo/Di geschl., www.tavernadelcapitano.com, €€€).*

Auf der Südseite der Sorrentinischen Halbinsel liegt *Positano* (4000 Ew.): Helle und rötlich getönte Häuser mit Arkadenloggien halten sich an den Klippen fest, dazu die *Pfarrkirche Santa Maria Assunta* mit Majolikakuppel.

Noch berühmter ist *Amalfi* (6000 Ew.), einst einflussreiche Seerepublik mit reicher, dicht an die Felsen geklebter Architektur, so der *Dom* mit großartiger Freitreppe, bunter Mosaikfassade und arabisch-normannischem Campanile.

Hinzu kommen ein paar besonders schöne Hotels, das allerschönste 2 km östlich von Positano: *San Pietro (60 Zi., Tel. 089 87 54 55, Fax 089 81 14 49, www.ilsanpietro.it, €€€).* Ein Einkaufstipp aus Amalfis Papiertradition: Handgeschöpftes Papier bekommen Sie in Geschäften in Amalfi und Positano, seine Herstellung bestaunt man im *Museo della Carta (März–Okt. tgl. 10–18.30, Nov.–Feb. Di–So 10 bis 15.30 Uhr, Via delle Cartiere 24, www.museodellacarta.it).*

Oberhalb von Amalfi in den Bergen versteckt sich in üppiger Vegetation auf einem Felsrücken das verwunschene *Ravello* mit romanischem *Dom* und kostbaren Villen wie der arabisch anmutenden *Villa Rufolo* (13. Jh.). Von der Terrasse im Garten der *Villa Cimbrone* (mit renoviertem Charmehotel) hat man eine atemraubende Sicht über den Golf.

Caserta und Capua **[159 F6]**

Frisch hergerichtet liegt in Caserta das riesige Barockschloss *Palazzo Reale (Di–So 8.30–19 Uhr, Park 9 Uhr–2 Std. vor Sonnenuntergang)* in seiner eindrucksvollen Gartenanlage, mit 1200 Räumen, 1790 Fenstern und 94 Treppen (Bauzeit allein der Fassade 1752–1774) das ehrgeizige Versailles Karls III. von Bourbon, König von Neapel.

Sehr sehenswert: in *Capua* die einzigartigen Votivstatuen (7.–1. Jh. v. Chr.) des italienischen Fruchtbarkeitsheiligtums Mater Matuta *(Museo Campano, Di–Sa 9–13.30, So 9–13 Uhr);* außerdem das römische *Amphitheater* bei *Santa Maria Capua Vetere* – das zweitgrößte Italiens – mit *Mithrasheiligtum.*

Insider Tip

Herculaneum (Ercolano) **[159 F6]**

Während Pompeji unter Lavaregen verkohlte, als der Vesuv 79 n. Chr.

ausbrach, erstickte Herculaneum unter heißem Schlamm. Vom Corso Ercolano gelangt man auf Höhe der römischen Sportanlage in die immer noch nicht vollständig ausgegrabene Stadt. Dazu öffnen sich herrliche Blicke auf den Golf und Ischia. *Nov.–März tgl. 8.30 bis 17, April–Okt. 8.30–19.30 Uhr, Corso Resina*

Insider Tipp

Paestum und Cilento **[162 B1–2]**

Am südlichen Bogen des Golfs von Salerno erheben sich diese wunderbar erhaltenen dorischen Tempel (Hera und der Fruchtbarkeitsgöttin Ceres gewidmet) der griechischen Handelsstadt Poseidon, die die Römer ★ Paestum nannten. Die Araber zerstörten die Stadt, ihre Ruinen lagen noch bis vor 200 Jahren unter dichtem Bewuchs verborgen. *Tempelanlage tgl. 9 Uhr–2 Std. vor Sonnenuntergang, Museum tgl. 9 bis 18.30 Uhr, am 1. und 3. Mo im Monat geschl.).*

Im Anschluss an die Ebene von Paestum erhebt sich der Cilento, der mit schönen Stränden und geheimnisvollen Meeresgrotten über 50 km Küste einnimmt und im Hinterland mit den Monti Alburni und dem Monte Cervati Höhen von fast 2000 m erreicht: Nationalpark und beliebtes Ferienziel *(www.cilento-ferien.de).*

Pompeji (Pompei) **[159 F6]**

★ Das Einzigartige dieser aus dem harten Lavagestein ausgegrabenen Stadt *(Nov.–März tgl. 8.30–17, April bis Okt. 8.30–19.30 Uhr, www.arethusa.net, www.pompeiisites.org)* sind nicht Bauwerke, sondern der Einblick in den römischen Alltag: Geschäfte, Kneipen, gepflasterte Straßen mit Wagenrillen ... Die Phallusdarstellung an den Eingangstüren diente der Abwehr böser Geister. Schön sind die Dekorationen wie die im Pompejirot angemalten Säulen und gut erhaltene Freskenmalereien, etwa die berühmte »Einweihung der Bräute in die dionysischen Geheimnisse« in der *Villa dei Misteri.*

Vesuv (Vesuvio) **[159 F6]**

Ein Muss ist der Vesuv (1281 m) im Südosten Neapels. Ein 20-minütiger Spaziergang führt über Lavaschotter zum Kraterrand.

Außerordentlich gut erhalten: Hera-Tempel und Basilika in Paestum

Historische Reisewege und grandiose Natur

Die Touren sind in der Karte auf dem hinteren Umschlag und im Reiseatlas ab Seite 152 grün markiert

1 AUF DEM PILGERWEG NACH ROM

Der mittelalterliche Pilgerweg auf der »Via Francigena«, der alten Frankenstraße aus Mitteleuropa durch Italien nach Rom, erfreut sich heute als einer der großen »Historischen Reisewege Europas«, EU-gesponsert, zunehmender Beliebtheit. Die ausgeschilderte Route zeichnet die Etappen nach, die der Rompilger Sigeric, im 10. Jh. Erzbischof von Canterbury, auf seiner Reise im Jahr 990 aufschrieb. Sein Weg führte ihn von Canterbury durch Nordfrankreich und über die Schweiz nach Italien. Stationen – mit ihren Kirchen, Klöstern, Hospizen und Weinstuben – waren Aosta, Vercelli, Pavia, Fidenza, Lucca, Siena, der Bolsenasee, Viterbo, Sutri und schließlich Rom: Orte, die mit ihren Zeugnissen aus jener Zeit heute noch Ziele der Italienreisenden sind. Rund 850 km sind es auf Landstraßen vom Pass bis nach Rom. Ein mittelalterlicher Pilger zu Fuß schaffte rund 30 km am Tag. Doch auch der heutige, motorisierte Reisende sollte zumindest fünf oder sechs Übernachtungen einplanen.

Auf unserer ersten Tour kommen Sie durchs toskanische Lucca mit der baumbestandenen Torre Guinigi

Die Passstraße über den Großen Sankt Bernhard (2473 m) ist normalerweise zwischen Mai und Ende Oktober geöffnet. Schon die Römer hatten hier ihre Straße nach Gallien gebaut. Aus dem 8. Jh. weiß man von einem Hospiz, das heutige (18. Jh.), phantastisch zwischen den majestätischen Bergkuppen gelegen, betreiben Augustinermönche, die nur Wanderer und Pilger beherbergen, keine Autoreisenden. 12 km vor Aosta auf der Staatsstraße SS 27 lädt bei Gignod im Ortsteil *La Clusaz* eine ehemalige Pilgerherberge und Poststation ein, heute ein angenehmes, kleines Hotel mit guter Küche: *Locanda La Clusaz (14 Zi., Mi-Mittag und Di geschl., Tel. 016 55 60 75, www.laclusaz.it, €–€€)*. Pilgerziel in *Aosta*

(S. 29) waren die Kathedrale Santa Maria Assunta und die Klosteranlage Sant'Orso mit großem Markt.

Weiter geht es auf der SS 26 durch das Tal des Flusses Dora Baltea vor eindrucksvollen alpinen Bergkulissen und vorbei an den *Burgen (S. 32)* der einstigen Feudalherren. Pilgerwegweiser waren die Wegekreuze, wie man sie heute noch in Bard antrifft.

Die nächsten Stationen stellten die beiden alten Bischofssitze Ivrea und Vercelli dar, mit denen die fruchtbare norditalienische Poebene, die Padania, beginnt. Auch in *Mortara,* dem Zentrum in den Reisfeldern der Lomellina, machten die Pilger bei den beiden mittelalterlichen Kirchen San Lorenzo und Santa Croce Halt, bevor sie nach *Pavia (S. 66)* weiterzogen.

In *Fidenza* an der Via Emilia zeigen die anschaulichen Steinreliefs auf dem schönen romanischen Dom die Mühen der Pilger. Von Fidenza oder *Parma (S. 69)* schlug man sich durch das Tarotal über den Apennin gen Süden in die Toskana: Diese schöne Landschaftstour (SS 62) über die abwechslungsreichen Berge voller Wiesen und Wälder wird von Ortschaften mit sehenswerten romanischen Kirchen begleitet wie Talignano, Fornovo, Bardone, Berceto. Über den Cisapass (1093 m) erreicht man die Toskana in *Pontremoli,* in dessen Kirche San Pietro eine Labyrinthdarstellung den Pilgerweg ins Heilige Land symbolisiert.

Vorbei an der eindrucksvollen romanischen Kirche von *Sorana* geht es über Aulla durch das Magratal nach Sarzana und vor der Kulisse der Marmorberge weiter über Carrara, Massa und Pietrasanta hinunter nach *Lucca (S. 79)* und südlich der Sümpfe von Fucecchio weiter nach Castelfiorentino, Certaldo und *San Gimignano (S. 89),* alles Ortschaften mit Kernen, die noch weit gehend ihr mittelalterliches Gesicht bewahrt haben. Restauriert zeigt sich heute in *Poggibonsi* der Magione, ein mittelalterliches Pilgerhospiz des Johanniterordens. In *Abbadia Isola* bei Monteriggioni stehen die eindrucksvollen Reste einer großen Zisterzienserabtei.

Ein wichtiges Ziel auf der Route nach Rom war natürlich *Siena (S. 86)* mit seinen Reliquien, Gotteshäusern und Herbergen. Der nun folgende Streckenabschnitt durch das Arbia- und das Orciatal gehört zu den schönsten Landschaften Italiens, ein weites, stilles Hügelland. Stationen sind die mittelalterlichen Orte *Isola d'Arbia, Buonconvento* (nicht weit von hier die gewaltige Klosteranlage *Abbazia di Monteoliveto*) und *San Quirico d'Orcia* mit einem wunderschönen mittelalterlichen Dom. Von hier sollten Sie einen Abstecher nach *Sant'Antimo* machen, der romanischen Klosteranlage in herrlicher Landschaft, ein Muss auf den Spuren mittelalterlicher Spiritualität. Beim *Monte Amiata (S. 89)* bot die Abtei in Abbadia San Salvatore Unterkunft und Beistand.

Bei *Acquapendente* (sehenswerte Krypta im Dom), ebenfalls an der alten Route, beginnt das Latium. Eine beschauliche Bauernlandschaft aus Wiesen, Wäldern, Maisfeldern, Weinbergen und Olivenhainen geleitet an den *Bolsenasee (S. 105),* dessen sauberes Wasser zum Bad einlädt.

Über Montefiascone geht es weiter in die alte Bischofs- und

Papststadt *Viterbo (S. 104)* und von da in die etruskische Tuffsteinstadt *Sutri* mit ihren Grottenheiligtümern. Schuster sollen hier im Mittelalter ein gutes Geschäft gemacht haben: Nach Rom fehlte nur noch eine Tagesetappe, und schließlich wollte man die heilige Stadt mit ihren sieben Pilgerkirchen in ordentlichem Zustand erreichen.

2 UM DEN »GROSSEN FELS« ITALIENS

Das Zentrum Italiens prägt nicht eine beschauliche Hügellandschaft wie in der Toskana, sondern die raue Großartigkeit der Bergwelt des Apennins, dieses Gebirgszuges, der sich wie ein Rückgrat durch den gesamten Stiefel zieht. Im Landesinnern der Abruzzen erreicht er seine höchste Erhebung, den Gran Sasso d'Italia genannten mächtigen Gebirgsstock, den »großen Fels«. Diese Route, deren Start- bzw. Zielpunkt die beiden abruzzischen Städte Teramo und Chieti sind, führt durch den Nationalpark der Abruzzen, über die schöne Bergstadt L'Aquila und durch die Berge der Maiella, mal auf steil gewundenen Straßen, mal über weite Hochebenen. Sie macht bekannt mit einer einzigartigen Landschaft voll herber, grandioser Naturschönheit und seltener Tiere sowie mit Spuren antiken Lebens. Für die Tour von rund 350 km sollten Sie wenigstens zwei Tage veranschlagen.

Von *Teramo* nehmen Sie die Staatsstraße SS 80 Richtung L'Aquila. Es geht über Hügel nach *Montorio al Vomano* (im alten, hoch gele-

Piana di Tivo: Wo im Sommer Schafe weiden, wedeln im Winter die Skifahrer

Ein Brunnen der Superlative: Fontana delle 99 Cannelle in L'Aquila

genen Kern eine sehenswerte Pfarrkirche an der Piazza), im Hintergrund erhebt sich das Gran-Sasso-Massiv mit seinen höchsten Gipfeln Corno Grande (2912 m) und Corno Piccolo (2655 m). Das Vomanotal wird nun enger, wilder und gewundener. Nach einem Tunnel und einem kleinen Stausee empfiehlt sich ein Abstecher durch die bewaldete Schlucht des Vomano, die Gola del Vomano, hinauf nach *Pietracamela* auf 1167 m, Ausgangsbasis für Touren im Nationalpark, und zu den Wiesenhängen der *Piana di Tivo,* im Winter Skigebiet.

Nehmen Sie auf der Rückfahrt zur SS 80 unterhalb Pietracamelas die Nebenstrecke über Intermesoli und Fano Adriano mit altem Häuserbestand. Die SS 80 steigt weiter durch das Vomanotal an, zwischen den beiden Stauseen, dem kleinen, malerischen Lago di Provvidenza und dem höher gelegenen gewaltigen Becken des Lago di Campotosto, bis sie schließlich den Passo di Capannelle erreicht (1299 m). Talwärts Richtung L'Aquila wechselt die Landschaft zwischen Wäldern und von Erosion gezeichneten Kalkfelsen. Bevor L'Aquila erreicht ist, lohnen zwei Sehenswürdigkeiten, zum einen die noch gut sichtbaren Reste des römischen Amphitheaters der antiken Stadt *Amiternum* (gleich links von der Gabelung der Staatsstraße nach Rieti), zum anderen in San Vittorino, wieder auf der SS 80 nach L'Aquila, der trotz der Eingriffe im 16. Jh. eindrucksvolle romanische Kirchenkomplex *San Michele* mit Krypta und Katakomben. Die Landschaft hat sich inzwischen zur Conca di L'Aquila, zur »Mulde von L'Aquila« geöffnet, Industrieanlagen kündigen die Hauptstadt der Abruzzen *(S. 93)* an, die einen ausgiebigen Besuch verdient.

Die Weiterfahrt führt auf der SS 5 bis durch die Talebene des Aterno, des wichtigsten Flusses der Abruzzen, und gelangt auf die weiten Hochebenen der Ortschaften Rocca di Cambio (1433 m) und Rocca di Mezzo (1329 m), dabei stets am Horizont von der Kammkette des Gran Sasso und von herrlichen Ausblicken begleitet. Der Tourismus, vor allem der Wintersport, hat sich etwa auf den Hängen von *Campo Felice* mit zahlreichen Liftanlagen entwickelt. Weiter geht es leicht abwärts nach *Ovindoli* mit einem alten Ortskern und einem guten Speiselokal: *Il Pozzo (Mi geschl., Via Monumento dell'Alpino, Tel. 08 63 71 01 91, €–€€).* Der Ort ist Ausgangsbasis für Touren auf die Gipfel der mächtigen Bergmassive Monte Sirente (2349 m) und Monte Velino (2487 m), Skipisten erschließen die Hänge des Monte di Magnola (2220 m).

Zwischen dunklen Tannenwäldern geht es nun durch die Enge von San Potito talwärts zur weiten Ebene *Piana del Fucino* auf 600 m. Die Ebene Piana del Fucino war noch bis ins 19. Jh. ein See (einst der drittgrößte Italiens) und ein Hochmoor, die Urbarmachung hat sie in Ackerland umgewandelt.

In *Celano* erhebt sich das mächtige *Castello Piccolomini* (mit sehenswertem Kirchenkunstmuseum), südöstlich davon liegt die wildromantische Schlucht Gola di Celano. Von Celano nehmen Sie wieder die SS 83 Richtung Süden, die die Ebene des ehemaligen Fucinosees flankiert. Ihr zur Linken erheben sich raue Karstformationen, deren Grotten einst bewohnt waren.

Bei Gioia dei Marsi steigt die Straße wieder an, sie windet sich durch die Berge des Nationalparks hinauf auf den Passo del Diavolo (1400 m), die Wasserscheide zwischen Tyrrhenischem Meer und Adria. Durch Wälder und Wiesen dem Lauf des Sangro folgend, gelangen Sie nach *Pescasseroli,* dem touristischen Zentrum des Nationalparks *(S. 96).*

Die SS 83 führt über *Opi* (malerisches Dorf) nach Villetta Barrea. Hier lohnt der Abstecher (hin und zurück gut 50 km) nach *Scanno (S. 97),* eine der wildesten, urtümlichsten Strecken in einen besonders schön erhaltenen Bergort der Abruzzen. Insider Tipp

Zurück auf der SS 83 können Sie in *Civitella Alfedena* dem interessanten Wolfsmuseum, dem *Museo del Lupo (Di–So 10–13 und 15 bis 19 Uhr),* einen Besuch abstatten. Am hübschen Stausee von Barrea entlang geht es über Alfedena nach *Castel di Sangro* mit mittelalterlichem Kern. Etwas zersiedelte Ferienorte sind *Roccaraso* und *Rivisondoli* (hier das Superrestaurant *Reale, Mo/Di geschl., Viale Regina Elena 49, Tel. 086 46 93 82, €€€).* Besonders hübsch ist dann wieder *Pescocostanzo* (1395 m) mit seiner Basilika und seinem Kunsthandwerk. Da lohnt eine Übernachtung: *Albergo Archi del Sole (10 Zi., Porta di Berardo 9, Tel./Fax 08 64 64 00 07, www.archidelsole.it, €–€€).*

Weiter auf der SS 84 gelangen Sie durch die Maiellagruppe nach *Fara San Martino,* berühmt für seine Lage vor ruppigen Kalkwänden und die gute Pasta, die hier hergestellt wird. Ein letzter aufregend gewundener Bergstreckenabschnitt der SS 263 führt ins nette *Guardiagrele (S. 95),* schließlich geht es auf der SS 81 nach *Chieti (S. 95).*

Im Schnee oder auf See

Die geografische Vielfalt Italiens spiegelt sich in einem außerordentlich breiten Sportangebot

Kaum ein europäisches Land ist geografisch so vielfältig wie Italien: eine weite, bis zu 4000 m hohe alpine Bergwelt, große Seen, mal sanftes, mal raues Hügelland und über 8000 km Küste. Dabei ist alles überzogen mit einem Netz touristischer Nutzung, entsprechend vielfältig sind die Sport- und Aktivangebote. Trendsetter ist die Sport-und-Spaß-Industrie an der Adria um Rimini und Riccione, das Kalifornien Italiens. Die weiten Sandstrände bilden den idealen Untergrund für Beachvolleyball. Viele Badeanstalten setzen auf Fitness mit Gerätepark, Gymnastikanimation und Strandwettspielen. In den letzten Jahren finden sich zudem immer mehr Freunde des Golf- und des Reitsports, entsprechend wachsen die Angebote. Und Tennisplätze gibt es praktisch überall.

BERGSTEIGEN & KLETTERN

Der gesamte italienische Alpenbogen bietet anspruchsvolle Klettertouren, allen voran die Viertausender im Aostatal. Klettersteige, die so genannten *vie ferrate,* mit Eisenhaken, Drahtseilen, Leitern gesicherte Steiganlagen, ziehen sich durch die Dolomiten und ermöglichen auch Nichtbergsteigern das Erklimmen von Felshängen. Und an den Felswänden überm Meer bei Finale Ligure geben sich die Freeclimber ihr Stelldichein.

Unter Windsurfern ist der nördliche Gardasee das beliebteste Ziel

GOLF

Auch die Italiener hat längst das Golffieber gepackt, überall im Land gibt es schöne Plätze, selbst hoch in den Alpen (z. B. in *Val Ferret* im Aostatal). Unter *www.greenpass.com* finden Sie genaue Platzbeschreibungen.

HOCHSEEFISCHEN

Ein besonderer Tipp ist der *pescaturismo:* In vielen Fischerorten kann man nachts mit den Fischerbooten mitfahren und beim Einholen des Fangs helfen. Zum Abschluss gibts ein gutes Fischessen. Auskunft geben die Fremdenverkehrsämter. Insider Tipp

RADFAHREN

Sportliches Radfahren ist in Italien sehr verbreitet, am Wochenende schwärmen die Radler in großen

Gruppen aus. Gemütliche Ausflüge auf dem Rad bzw. Radwanderungen sind seltener, dazu fehlen auch allerorten die Radwege. Da ist es meist besser, man vertraut sich einem Radreiseveranstalter an, der die ruhigsten Straßen auswählt. Doch in den Städten vor allem der Poebene wie Ferrara, Ravenna, Mantua können Sie in vielen Hotels oder am Bahnhof Räder mieten und derart die verkehrsberuhigten Altstadtkerne erkunden. In den Bergen werden Mountainbikes vermietet, Routenkarten bekommt man dazu. Mieträder finden Sie auch in den Badeorten, etwa an der Adria für Touren im Podelta oder längs der endlosen Strandpromenaden.

REITEN

Überall, wo die Landschaft reizvoll ist und Touristen hinkommen, stößt man auf Reitställe. Die Fremdenverkehrsämter haben die Adressen. Eine Stunde Ausreiten kostet zwischen 12 und 20 Euro. Auch halten viele Bauernhöfe, die als *agriturismo*-Betrieb Zimmer oder Ferienwohnungen vermieten, Reitpferde für ihre Gäste bereit.

TAUCHEN

Küstenabschnitte, die für Taucher besonders lohnend sind, finden sich z. B. in Ligurien an der Halbinsel von Portofino und am Küstenabschnitt der Cinque Terre. An der oberen Adria lohnt sich die Triestiner Klippenküste beim Castello di Miramare. Weiter südlich, in den Marken, zieht es die Taucher an den Felsen Monte Conero bei Sirolo. In der Toskana empfiehlt sich neben den Inseln vor allem die Halbinsel Monte Argentario. Im Latium trifft man sich an der Landspitze San Felice des Naturschutzgebietes Circeo bei Sabaudia oder auf den Inseln Ponza und Ventotene. Im Süden Italiens gehören zu den absoluten Highlights die Tremitiinseln, die Absatzspitze von Santa Maria di Leuca sowie die Meeresgründe an der Halbinsel Isola di Capo Rizzuto und bei Scilla an der Meerenge von Messina. In der Basilikata trifft man sich an der Küste von Maratea, und in Kampanien faszinieren die Grotten von Palinuro und das Kap an der Sorrentinischen Halbinsel – oder man taucht ab in die Ruinen der römischen Villen auf dem Meeresgrund vor Baia unweit Neapels.

THERMEN

In den letzten Jahren hat sich das Image der Thermalbäder grundlegend verjüngt: Heute kommen nicht mehr nur ältere Leute zum Kuren, sondern ein breites Publikum, das relaxen und etwas Gutes für sich und den eigenen Körper tun möchte. Die Kurorte haben umgerüstet und bieten überall vielfältige Fitness-, Wellness- und Beautyanwendungen an. Italien mit seiner vulkanischen Vergangenheit ist übersät mit renommierten Thermalorten, z. B.: Abano und Montegrotto Terme in den Euganeischen Hügeln, Montecatini, Saturnia und Chianciano Terme in der Toskana und im Latium Viterbo und Fiuggi. *www.benessere.com/terme/italia*

WANDERN

Ganz Italien kann man von Nord nach Süd auf dem Fernwanderweg

Sentiero d'Italia durchwandern. Doch ist man gut beraten, sich mit detailliertem Orientierungsmaterial auszurüsten, denn immer wieder gibt es verwirrende Lücken in der Markierung. Als Wandergebiet bestens erschlossen ist der gesamte Alpenbogen, vom Aostatal über Südtirol bis zu den Karnischen Alpen in Friaul. Insider Tipp Wenig überlaufene Fernwanderwege ziehen sich über den piemontesischen Alpenkamm bis hinunter ans Meer Liguriens. Die bergige Küstenregion Liguriens bietet traumhafte Wanderstrecken durch üppige mediterrane Macchia und mit atemraubenden Ausblicken aufs Meer. Ein phantastisches Landschaftserlebnis bieten auch die mit Wanderrouten versehenen Berge des Nationalparks Parco Monti Sibillini zwischen Umbrien und den Marken. Das gilt auch für die ★ Nationalparks der Abruzzen und des Monte Pollino zwischen Kalabrien und der Basilikata, beides grandiose Bergwelten. Die Fremdenverkehrsämter helfen weiter mit Adressen von erfahrenen Bergführern sowie organisierten Gruppentouren. Eine informative Website zu einigen Routen: *www.italienwandern.de*

WASSERSPORT

Topziel für Wassersportler ist der Gardasee, dessen Nordhälfte mit ihren Winden ganz besonders von den Surfern geschätzt wird. Aber auch an allen touristisch erschlossenen Küstenabschnitten und in den großen Ferienanlagen finden sich Surfbrettverleiher. Besonders beliebt sind die ligurische Küste, vor allem um Albenga und Noli, sowie die Küste des Latium bei Sabaudia und Fregene. Segeln kann man überall längs der Küste, die gespickt ist mit Sporthäfen, in denen oft auch Segelkurse angeboten werden.

WINTERSPORT

Der gesamte Alpenbogen wartet mit einer perfekten Infrastruktur auf, angefangen mit Skiorten wie Sestriere in den Piemonteser Alpen übers Aostatal bis zu den Kalkmassiven der Dolomiten und den Karnischen Alpen im Friaul. Kaum ein größerer Alpenskiort, der nicht einen Snowpark für die Snowboarder oder Eispaläste für die Schlittschuhläufer angelegt hätte. Besonders schöne Loipen finden Sie in den Tälern des Gran Paradiso im Aostatal, in Südtirol, im Trentin und in den Karnischen Alpen. Aber auch weiter südlich gibt es respektable Skigebiete, zum Beispiel im Apennin am Abetonemassiv um Sestola oder noch weiter südlich in den Abruzzen auf den Pisten von Pescasseroli.

Wer wandern öde findet, war noch nicht in den Cinque Terre

Zu Gast bei Pinocchio

Die Gletschermumie Ötzi, steinerne Monster im Barockpark, Langnase Pinocchio: spannende Abwechslung zu den Wasser- und Vergnügungsparks

Der italienische Kindersommer verheißt warmes Mittelmeer und weite Sandstrände an der Adriaküste oder im Süden – und vor allem an der oberen Adria riesige Spaßbäder und Erlebnisparks. In vielen Hotels hat sich Kinderrabatt durchgesetzt, und in fast allen Restaurants bekommen Sie halbe Portionen. In die großen staatlichen Museen dürfen Kinder sogar gratis hinein.

DER NORDWESTEN

Acquario di Genova **[155 D5]**
Das aufregendste, artenreichste und meistbesuchte Aquarium Italiens im alten Hafen. *Sept.–Juni Mo–Mi und Fr 9–19.30, Do 9.30–22, Sa/So 9.30–20.30 Uhr, Juli/Aug. tgl. 9–23 Uhr, 14 Euro, Kinder bis 12 Jahre 8,50 Euro, bis 3 Jahre frei, Porto Antico, Ponte Spinola, www.acquario.ge.it*

Mont-Blanc-Überquerung im Aostatal **[154 B2]**
Fasziniert nicht nur Kinder: mit Kabinenbahnen über die atemraubende Gletscherlandschaft des über 4000 m hohen Mont-Blanc-Massivs gleiten. Die Fahrt von La Palud bei Courmayeur auf die Aiguille du Midi dauert 50 Minuten. *Hin und zurück 70 Euro, Kinder bis 4 Jahre frei, bis 15 Jahre 35 Euro, www.montebianco.com*

DER NORDOSTEN

Museo Archeologico dell'Alto Adige in Bozen **[156 C2]**
Hier hat »Ötzi«, die bestens erhaltene, 5300 Jahre alte Mumie aus den Gletschern des Similaun, seine letzte Ruhe gefunden. *Di–So 10–18 (Do 10–20) Uhr, 8 Euro, Kinder bis 6 Jahre frei, ab 6 Jahre 5,50 Euro, Familienkarte 16 Euro, www.iceman.it, Via Museo 43*

POEBENE UND SEEN

Acquario di Cattolica Le Navi **[157 D6]**
»Die Schiffe«, so heißt das moderne, artenreiche Aquarium im beliebten Adriabadeort Cattolica, und ein bisschen wie Schiffe sehen die Gebäude auf dem Strand auch aus. Einst ein Kinderheim, gelten sie heute als besonders interessantes

Im kinderfreundlichen Italien sind die bambini Könige

Beispiel für die so genannte futuristische Architektur aus den Dreißigerjahren des 20. Jhs. *April bis Mitte Juni und zweite Sept.-Hälfte tgl., Okt.–März So 9.30–17.30, Mitte Juni–Mitte Sept. tgl. 10 bis 22.30 Uhr, 15 Euro, unter 12 Jahren 11 Euro, unter 1 m frei, Piazzale delle Nazioni 1 a, www.squaloanchio.com*

Aquafan in Riccione **[157 D6]**
An der Adria, der italienischen Küste, die für Badeferien mit besonders viel Spiel und Spaß steht, finden Sie natürlich die besten Wasserspaßbäder. Hier überbieten sich die Superlative wie längste Wasserrutschbahn, kräftigster Wellengang, waghalsigste Raftingbahn usw., daneben gibt es für die Kleinen und Älteren jede Menge gemäßigte Becken, Spiele, Animation. Ein Spitzenbad ist in Riccione der Wasserpark Aquafan. *Juni–Mitte Sept. tgl. 10–18.30 und 22–4 Uhr, 21 Euro, ab 15 Uhr 14 Euro, Kinder (6–11 Jahre) 14 Euro, Via Pistoia, www.aquafan.it*

Ferrari-Museum in Maranello bei Modena **[156 B5]**
Maranello ist ein Kultort der Autogemeinde, hier werden die berühmten roten Rennwagen mit dem schwarzen Pferdchen bei größter Geheimhaltung entwickelt, gebaut und getestet. Zu sehen sind hier besonders schöne Modelle und Motoren sowie Bilder von berühmten Rennfahrern in der Galleria Ferrari, dazu gibt es den Ferrari-Shop mit edlen, teuren Gadgets. *Tgl. 9.30–18 (Mai–Sept. bis 19) Uhr, 12 Euro, Kinder (bis 10 Jahre) 8 Euro, Via D. Ferrari 43, www.galleria.ferrari.com*

Gardaland **[156 B3]**
Italiens berühmtester Erlebnis- und Vergnügungspark nach dem Disneyworld-Muster. *April–Mitte Juni und Mitte–Ende Sept. tgl. 9.30–18, Mitte Juni–Mitte Sept. tgl. 9–24, Okt. und Dez. Sa/So 9.30–18 Uhr, 25,50 Euro, Kinder bis 10 Jahre 21 Euro, bis 1 m frei, Castelnuovo, Ortsteil Ronchi, www.gardaland.it*

Mirabilandia bei Ravenna **[157 D5]**
Diese Riesenkirmes gilt zu Recht als der stärkste Konkurrent zu Gardaland, Italiens berühmtestem Vergnügungspark. *April–Juni und Sept. tgl. 10–18, Juli/Aug. 10–23 Uhr, 24 Euro, Kinder unter 12 Jahren bzw. unter 1,50 m 12 Euro, unter 1 m frei, SS Adriatica 16, km 162, www.mirabilandia.it*

Museo della Bambola in Angera am Lago Maggiore **[155 D2]**
Im Puppenmuseum in der Rocca di Angera gibt es die ersten automatischen Spielpuppen und Spielautomaten zu bestaunen, sozusagen die Vorfahren von Roboter und Playstation. Die Burg, seit 1440 im Besitz der Familie Borromeo, beherbergt eine reiche Puppensammlung, die im 18. Jh. beginnt: mit Puppen aus Holz, Porzellan, Wachs usw. *Mitte März–Okt. Mo–Sa 9–17, So 9.30 bis 18 Uhr, 7 Euro, Kinder (6–15 Jahre) 4,50 Euro, www.borromeoturismo.it*

DIE MITTE ITALIENS

Parco di Pinocchio in Collodi **[158 A1]**
Eigenwillige Skulpturen in schöner Vegetation erzählen die Geschichte des berühmten Lügenbolds. *Tgl.*

8.30 Uhr–Sonnenuntergang, 10 Euro, Kinder bis 14 Jahre 7 Euro, www.pinocchio.it, Via San Gennaro 3

ROM UND DER APENNIN

Parco dei Mostri in Bomarzo **[158 C3]**
Dieser »Monsterpark« am Rand des Dorfs Bomarzo unweit von Orte im nördlichen Latium hat etwas Geheimnisvolles und Gruseliges zugleich: mit seinem schiefen Haus, mit bemoosten Monstern, die Menschen foltern, dem Riesenmaul, in das man hineinspazieren kann, mit der gigantischen Schildkröte – das alles in verwittertem Gestein mitten in einem Wald. Alt sind diese skurrilen Gebilde, schon im 16. Jh. entstanden sie aus der Phantasie des Grafen Orsini. *Tgl. 8.30–1 Std. vor Sonnenuntergang, 8 Euro, Kinder (4–8 Jahre) 7 Euro, bis 4 Jahre frei, www.bomarzo.net*

DER SÜDEN ITALIENS

Tropfsteinhöhlen
Im Innern der vielen Gebirge, die den Stiefel Italiens bedecken, verbergen sich einige der größten Tropfsteinhöhlen Europas, unterirdische Säle, die märchenhaft schön geschmückt sind mit schillernden Kristallen, das Ergebnis der Millionen Jahre währenden Arbeit von Milliarden von Wassertröpfchen. Das wäre mal eine willkommene Abwechselung zu Museum und Strand – allerdings denken viele so, deshalb herrscht großer Andrang an den Wochenenden, zu Ostern und im August. Zu den spektakulärsten Höhlen gehören neben den *Grotte di Frasassi* bzw. der *Grotta Grande del Vento* in den Marken unweit von Fabriano, die erst 1971 zufällig entdeckt wurden, im Bergland des Cilento in Kampanien die *Grotte di Castelcivita (***[160 B5]***, Führungen Mitte März–Sept. tgl. 10, 11, 12, 13, 14.30, 15.30, 16.30, 17.30, 18.30 Uhr, Okt.–Mitte März tgl. 10, 11.30, 13.30, 15, 16.30 Uhr, 8 Euro, Kinder (6–12 Jahre) 6,50 Euro, unter 6 Jahren frei, www.grottedicastelcivita.it)* und im Stiefelabsatz in Apulien nicht weit von Alberobello die *Grotte di Castellana (***[161 D4]***, März–Okt. tgl. jede Stunde Führung 8.30–19 Uhr, lange Tour von 3 km mit Weißer Grotte 9–18 Uhr, Nov.–Feb. 9.30–12.30 Uhr, mit Weißer Grotte 10–12 Uhr, kurze Tour 8 Euro, Kinder (6–14 Jahre) 6,50 Euro, lange Tour 13 bzw. 10,50 Euro, www.grottedicastellana.it).*

Zoosafari in Fasano **[161 E4]**
Selbst während der schönsten Strandferien braucht man Ausflugsziele. So soll an dieser Stelle auf den größten Safaripark Italiens hingewiesen werden, er liegt in Apulien auf dem Stiefelabsatz: Vom Autofenster aus können Sie in einer Landschaft, die wirklich etwas von der afrikanischen Savanne hat, faul herumliegende Löwen, herumturnende Affen, grasende Zebras, aufgescheuchte Antilopen, dicke Nashörner beäugen. Zum Safaripark gehört der Freizeitpark *Fasanolandia (extra zu zahlen, 1–5 Euro)* mit Wasserspaßbad, Kirmesattraktionen, Delfinshow und vielem mehr. *März–Okt. tgl. 9.30–17 (Aug. bis 18.30) Uhr, Nov.–Feb. Sa/So 10 bis 15.30 Uhr, Zoosafari und Fasanolandia 13,50 Euro, nur Fasanolandia 7 Euro, Kinder unter 4 Jahren frei, Via Zoosafari, www.zoosafari.it*

Angesagt!

Was Sie wissen sollten über Trends, die Szene und Kuriositäten in Italien

Struscio, vasca, passeggio
Das sind nur einige der vielen Ausdrücke für den abendlichen Bummel über die Piazza, rauf und runter die Strandpromenade oder den *corso,* die verkehrsberuhigte Hauptstraße mit den im Sommer bis spät in den Abend geöffneten Geschäften und Eiscafés: Man zeigt seine *bella figura.*

Musik
Und was für Musik hört man in den Strandbars, Musikcafés und Diskos? Nationale Spitzenreiter – und zwar die Generationen übergreifend angesagt – sind der norditalienische Altrocker Vasco Rossi und der Neapolitaner Pino Daniele mit seinem Mix aus Blues, Jazz und Chanson. Interessante junge Bands sind Tiromancino, Subsonica und Le Vibrazioni. Der Soulrocker Zucchero überzeugt immer wieder. Der beste nationale Radiosender für Popmusik heißt Radio Deejay.

Lounging
Schicke Loungebars zum Abhängen und Musikhören machen den Diskos Konkurrenz, und in den größeren Städten entstehen zunehmend Kneipen oder *wine bars* nach mitteleuropäischem Muster, zum Aperitif, zum Cocktail, zum Weintrinken.

Mode und Körperkult
Modebewusst sind die Italiener und Italienerinnen fast alle – und die jungen Italiener besonders. Selbst in den Kleinstädten findet man überall Geschäfte mit hochaktueller italienischer Spitzenmode. Dazu braucht es natürlich die perfekte Silhouette, Fitness ist angesagt. Der Strand und das abendliche Bummeln bieten die rechte Gelegenheit, samtige Ambrahaut und den gepiercten Nabel zur Schau zu stellen.

Spritz und birra
Zur Happy Hour am frühen Abend bzw. zum Aperitif trinkt man Säfte, die mit Prosecco aufgeschäumt werden, oder den *spritz,* Weißwein mit Campari oder Aperol. In den letzten Jahren sind auch die Italiener, vor allem die jüngeren, zu Bierliebhabern geworden. Pizza ohne *birra* ist kaum mehr denkbar.

Von Anreise bis Zoll

Hier finden Sie kurz gefasst die wichtigsten Adressen und Informationen für Ihre Italienreise

ANREISE

Auto

Die am meisten befahrene Strecke nach Italien ist die mautpflichtige Brennerautobahn von Österreich ins italienische Südtirol. Aus der Schweiz gelangt man vornehmlich durch den 17 km langen St.-Gotthard-Tunnel und durch das Tessin nach Oberitalien. Außerdem gibt es zahlreiche Passstraßen (einige mautpflichtig), die aber in den Wintermonaten meist nicht befahrbar sind. Im Sommer bieten sie herrliche Gebirgspanoramen, kosten aber erheblich mehr Zeit.

Eine bequeme, aber in der Saison nicht billige Alternative sind Autozüge *(Tel. 018 05 24 12 24, www.autoreisezug.de)*, die meist einmal wöchentlich von vielen deutschen Städten nach Bozen, Verona und Livorno, von München außerdem nach Rimini und Neapel fahren.

Bahn

Es gibt zwei Hauptstrecken nach Italien: Die eine führt durch die Schweiz und den St.-Gotthard-Tunnel, die andere durch Österreich über den Brenner. Erkundigen Sie sich nach Sonderangeboten und Spartarifen. Durchschnittliche Reisezeiten: von München nach Florenz ca. acht bis zehn Stunden, nach Rom zehn bis zwölf, nach Neapel 13 bis 15 Stunden. In den Hauptreisezeiten ist es unbedingt nötig, einen Schlaf- oder Liegewagenplatz, möglichst auch einen Sitzplatz, lange im Voraus zu reservieren.

Flugzeug

Die wichtigsten internationalen Flughäfen in Italien: Mailand, Turin, Bologna, Genua, Venedig, Triest, Pisa, Florenz, Rom, Bari, Neapel. Viele Billigfluglinien fliegen von zahlreichen Flughäfen in Deutschland nach Italien: Air Berlin (Mailand, Rom), Germanwings (Bologna, Mailand, Rom), Hapag Lloyd (Bari, Bergamo, Neapel, Pisa, Venedig), Ryan Air (Bari, Bergamo, Forlì bei Rimini, Pescara, Pisa, Rom, Treviso, Triest, Verona), Intersky (Elba, Neapel, Venedig); aus Österreich: Sky Europe (Florenz, Venedig); aus der Schweiz: Jonio Airlines (Brindisi). Zur Hauptreisezeit im Sommer kann man auch direkt nach Rimini an der Adria und Lamezia Terme in Kalabrien fliegen.

AUSKUNFT

Staatliches Italienisches Fremdenverkehrsamt Enit

– *Kaiserstr. 65, 60329 Frankfurt;*
– *Kärntnerring 4, 1010 Wien;*
– *Uraniastr. 32, 8001 Zürich;*
– *www.enit.it*

Gebührenfreie Telefonnummer für Deutschland, Österreich und die Schweiz: *008 00 00 48 25 42*

AUTO

Vorgeschrieben sind Führerschein und Fahrzeugschein, empfohlen werden die grüne Versicherungskarte und ein Auslandsschutzbrief. Höchstgeschwindigkeit in Ortschaften 50 km/h, ansonsten 90 km/h, auf Autobahnen 130 km/h, auf Schnellstraßen 110 km/h. Bei Kontrollen hohe Geldstrafen. Es besteht Gurt- bzw. Sturzhelmpflicht. Auch tagsüber müssen Sie außerhalb von Ortschaften mit Abblendlicht fahren. Die Promillegrenze liegt bei 0,5. Pflicht ist das Mitführen einer Warnweste für Fahrer und Beifahrer.

Autobahnen in Italien sind bis auf einige Streckenabschnitte im Süden gebührenpflichtig. Schnellstraßen *(superstrade)* sind gebührenfrei. Um Warteschlangen an den Mautstellen zu umgehen, kann man auch mit allen gängigen Kreditkarten schnell und bargeldlos passieren.

Viele Innenstädte sind verkehrsberuhigt, und es gibt fast nur noch gebührenpflichtige Parkbuchten mit Automaten. Rubbeltickets und magnetische Parkkarten bekommt man an Kiosken und in Tabakläden.

Man tankt *super senza piombo* (Super bleifrei auch für Normalbenziner) oder *gasolio* (Diesel). Die Tankstellen – außer auf der Autobahn – schließen über die Mittagszeit (12.30 bis 15 Uhr) und am So, aber viele haben mittlerweile Tankautomaten.

BANKEN & KREDITKARTEN

Banken sind Mo–Fr von 8.20 bis 13.20 geöffnet, in größeren Städten auch von 14.45 bis 15.45. Sie sind fast durchweg mit Geldautomaten *(bancomat)* versehen. Nahezu alle Hotels, Tankstellen, Supermärkte sowie die meisten Restaurants und Geschäfte akzeptieren die gängigen Kreditkarten.

DIPLOMATISCHE VERTRETUNGEN

Deutsche Botschaft
Via San Martino della Battaglia 4, Rom, Tel. 06 49 21 31, www.ambgermania.it

Österreichisches Konsulat
Viale Liegi 32, Rom, Tel. 068 55 29 66, www.austria.it

Schweizer Botschaft
Via Barnaba Oriani 61, Rom, Tel. 06 80 95 71, www.eda.admin.ch/rome_emb

GESUNDHEIT

Einige Krankenkassen haben ihre Versicherten schon mit der neuen Europäischen Krankenversicherungskarte EHIC ausgestattet, die Sie in Italien im Krankenhaus bzw. dem örtlichen Gesundheitsamt ASL *(Agenzia Sanitaria Locale)* vorlegen. Wenn nicht, tut es auch noch das alte Formblatt E 111. Wer sich zusätzlich absichern möchte, schließt eine Reisekrankenversicherung ab. Heben Sie auf jeden Fall die Belege Ihrer Auslagen bei Arzt und Apotheke auf, und legen Sie sie Ihrer heimischen Kasse zur meist problemlosen Erstattung vor. Ein Tipp: Die Notfallambulanz der Krankenhäuser *(pronto soccorso)* hilft in der Regel besonders schnell, gut und unbürokratisch.

INTERNET

Allgemeine Reiseinformationen zu Italien: *www.enit.it; www.teletour.de/italien; www.discoveritalia.it; www.reisetipps.de.* Reise-, Landeskunde-, Kulturinformationen zu Italien: *www.ratgeber-italien.de.* Das Wetter: *www.tempoitalia.it.* Die italienischen Museen und viele Links zu Unterkünften und Restaurants, auch auf Deutsch: *www.emmeti.it.* Reichhaltige Website zum Thema Ausgehen mit Terminen zu Livekonzerten, Adressen von Inlokalen, Kneipen etc., bislang nur auf Italienisch: *www.2night.it*

INTERNETCAFÉS

In den Städten gibt es zahlreiche Internetzugänge. Viele Internetpunkte findet man in der Nähe der Bahnhöfe, zahlreiche Bars, Campingplätze und Hotels bieten mittlerweile Internetzugang an.

MIETWAGEN

An allen Flughäfen und größeren Bahnhöfen finden Sie Autovermietungen (Kreditkarte obligatorisch!). Für einen Kleinwagen zahlt man etwa 80 Euro pro Tag bzw. ab ca. 300 Euro pro Woche. Fragen Sie nach günstigen Ferien- und Wochenendtarifen! Buchungen vor Reiseantritt sind häufig preiswerter. Angebote für Mietwagen finden Sie auch unter *www.marcopolo.de.*

MUSEEN & SEHENSWÜRDIGKEITEN

Die Öffnungszeiten der Museen sind in den letzten Jahren viel besucherfreundlicher geworden, fast alle staatlichen Museen sind auch über Mittag geöffnet. Im Sommer können kurzfristig die Öffnungszeiten noch bis spät in den Abend verlängert werden. In diesem Band ist die Schließzeit angegeben, Kassenschluss ist oft früher. Die Eintrittspreise reichen von 4 Euro bis 10 Euro, vereinzelt mit Zuschlag bei Reservierung (Beispiel: Uffizien in Florenz Eintritt 9,50 Euro plus 4,47 Euro Reservierungszuschlag). Die staatlichen Museen *(musei nazionali)* sind zudem für EU-Bürger bis 18 und ab 65 gratis, von 18 bis 25 Jahren zum halben Preis zugänglich. Normalerweise im Mai (genauer Termin siehe *www.beniculturali.it/settimanacultura*) findet die *settimana della cultura* statt: eine Woche mit freiem Eintritt in alle staatlichen Museen und Archäologieparks.

NOTRUFE

Notruf *(Pronto Soccorso)* gratis von jedem öffentlichen Telefon:
– Polizei *113*
– Feuerwehr *(Vigili del Fuoco) 115*
– Notarzt, Rettungswagen *118*
– Pannenhilfe *80 31 16*

ÖFFENTLICHE VERKEHRSMITTEL

Die öffentlichen Verkehrsmittel wie Eisenbahn und Bus sind relativ preiswert. Die Züge sind pünktlicher als ihr Ruf, jedoch häufig überfüllt. Der schnelle, moderne Eurostar verbindet die großen Städte; er ist erheblich teurer, die Platzreservierung obligatorisch. In vielen Lokalzügen darf man Fahrräder mitnehmen. Eine gute Website zu den inneritalienischen Zugverbindungen: *www.trenitalia.com.* Achtung: Alle Bahnfahrkarten müssen noch vor Besteigen des Zuges an den orangegelben Automaten in der Bahnhofshalle entwertet werden. Große Städte wie Rom, Mailand und Neapel haben U-Bahnen und dichte Busnetze; überhaupt ist ganz Italien bis in die letzten Winkel mit Überlandbussen zu erreichen.

ÖFFNUNGSZEITEN

Lebensmittelgeschäfte sind werktags meist von 8.30 bis 13 und von 17 bis 19.30 Uhr geöffnet, alle anderen Läden, Boutiquen, Supermärkte und Warenhäuser öffnen normalerweise von 8.30 bis 12.30 und von 15.30 bis 19.30 Uhr. An einem Nachmittag in der Woche sind alle Geschäfte geschlossen. In Touristenorten bleiben Geschäfte und Boutiquen oft bis spät in die Nacht offen. Kirchen sind meist tgl. von 8 bis 12 und von 15 bis 18 Uhr geöffnet, das kann freilich je nach Gegend und Gutdünken der Pfarrgemeinden variieren. Bei kleinen verschlossenen Kirchen können Sie getrost am Pfarrhaus bzw. Nebenhaus klopfen.

POST

Die Postämter sind im Allgemeinen Mo–Fr 8.20–13.20 Uhr, Sa bis 12.20 Uhr geöffnet. Das Porto für Briefe und Postkarten beträgt innerhalb Europas mit der obligatorischen *posta prioritaria* 65 Cent.

PREISE

An der Theke kostet ein Espresso um 1 Euro, wer ihn am Tischchen sitzend trinkt, kann für dasselbe Getränk leicht das Doppelte, an Plätzen mit hohem Touristenaufkommen auch das Drei- oder Vierfache hinlegen.

TELEFON & HANDY

Außer in Telefonzellen kann man auch in vielen Bars telefonieren. Telefonkarten (perforierte Ecke abreißen!) zu 5 Euro sind in Tabakgeschäften erhältlich. Die ehemaligen Vorwahlen sind fester Bestandteil der Rufnummer, man muss sie also auch bei Ortsgesprächen mitwählen, ebenso muss bei Anrufen aus dem Ausland die Null mitgewählt werden. Vorwahlen: Deutschland *0049,* Österreich *0043,* Schweiz *0041.* Vorwahl nach Italien: *0039*

Wer sein Handy mit nach Italien nimmt, muss bedenken, dass Anrufe nach Deutschland bzw. von Deutschland nach Italien um einen Roamingaufschlag von mindestens 30 Prozent teurer werden.

TRINKGELD

Man sollte nicht zu knauserig sein, Trinkgeld (fünf bis zehn Prozent) bekommen nette Kellner in Restaurants und Cafés, Zimmermädchen, Kofferträger u. a.

UNTERKUNFT

Agriturismo
Immer mehr Bauernhöfe in ganz Italien bieten Zimmer, Ferienwohnungen und Stellplätze für Camper und Zelte an. Oft sind das edel restaurierte Landgüter, die entsprechend kosten. Einen exzellenten Internetauftritt (teils auf Deutsch) mit vielen bebilderten Angeboten bietet der Verband Agriturist: *www.agriturist.it.* Den Führer »Ferien auf dem Land« des italienischen Tourismusverlags Touring Club gibt es auf Deutsch.

Was kostet wie viel?

Kaffee	**1,25 bis 1,50 Euro** für einen Cappuccino am Tresen
Eis	**1,50 Euro** für eine Kugel Eis
Wein	**ab 2 Euro** für ein Glas am Tresen
Museen	**4 bis 10 Euro** für den Eintritt
Benzin	**um 1,20 Euro** für 1 l Super bleifrei
Imbiss	**ab 2,50 Euro** für ein belegtes *panino*

Bed & Breakfast
Beginnt sich langsam auch in Italien durchzusetzen. Informationen u. a. unter *www.bbitalia.com, www.bed-and-breakfast.it.*

Camping
Ein stets aktualisiertes Verzeichnis von Campingplätzen und Feriendörfern: »Campeggi e Villaggi Turistici in Italia« gibt der italienische Tourismusverlag Touring Club *(www.touringclub.com)* heraus; Sie bekommen es auch auf Deutsch im Buchhandel (»Campingführer Italien mit Feriendörfern«), oder Sie lassen es sich direkt vom Verlag schicken *(Tel. 0039/028 52 61, customer.service@touringclub.com).* Im Internet finden Sie Informationen unter *www.camping.it* oder *www.campeggitalia.com.*

Ferienwohnungen

Eine unter den Italienern sehr beliebte Form der Ferienunterkunft. Auch hier gilt: In der Hochsaison verdoppeln sich die Preise nahezu, und es wird kaum unter einer Woche vermietet. Listen mit Vermietern bzw. Agenturen bei den Fremdenverkehrsämtern oder im Internet *(www.fewo-direkt.de; www.ferienhausmiete.de; www.e-domizil.de).*

Hotels

In den Touristengebieten bekommt man in der Hochsaison Zimmer häufig nur mit Halbpension, außerdem steigen die Preise im Juli/August stark an.

Jugendherbergen

Auskunft zu Jugendherbergen *(Ostelli della Gioventù): Associazione Italiana Alberghi per la Gioventù (Tel. 064 87 11 52)* oder unter *www.ostellionline.com*

ZEITUNGEN

In den Tageszeitungen findet man die Adressen der Notärzte und Nachtapotheken, vor allem am Wochenende auch Veranstaltungskalender. Alle Touristenzentren und größeren Städte bieten deutsche Zeitungen an.

ZOLL

Innerhalb der EU dürfen alle Waren für den persönlichen Verbrauch frei ein- und ausgeführt werden, u. a. 800 Zigaretten, 90 l Wein, 10 l Spirituosen. Für Schweizer sowie bei Durchreise durch die Schweiz gelten erheblich engere Freimengen, u. a. 200 Zigaretten und 2 l Wein.

Wetter in Rom

	Jan.	Feb.	März	April	Mai	Juni	Juli	Aug.	Sept.	Okt.	Nov.	Dez.
Tagestemperaturen in °C	11	13	16	19	23	28	31	31	27	21	16	12
Nachttemperaturen in °C	4	5	7	10	13	17	20	20	17	13	9	5
Sonnenschein Std./Tag	4	4	5	7	8	10	11	10	7	6	5	4
Niederschlag Tage/Monat	8	9	8	8	7	4	2	2	5	8	10	10
Wassertemperaturen in °C	14	13	13	14	17	21	23	24	23	20	18	15

Parli italiano?

»Sprichst du Italienisch?«
Dieser Sprachführer hilft Ihnen, die wichtigsten Wörter und Sätze auf Italienisch zu sagen

Zur Erleichterung der Aussprache:

c, cc	vor »e, i« wie deutsches »tsch« in deutsch, Bsp.: die**c**i, sonst wie »k«
ch, cch	wie deutsches »k«, Bsp.: pa**cch**i, **ch**e
ci, ce	wie deutsches »tsch«, Bsp.: **ci**ao, **ci**occolata
g, gg	vor »e, i« wie deutsches »dsch« in Dschungel, Bsp.: **g**ente
gl	ungefähr wie in »Familie«, Bsp.: fi**gl**io
gn	wie in »Kognak«, Bsp.: ba**gn**o
sc	vor »e, i« wie deutsches »sch«, Bsp.: u**sc**ita
sch	wie in »Skala«, Bsp.: I**sch**ia
sci	vor »a, o, u« wie deutsches »sch«, Bsp.: la**sci**are
z	immer stimmhaft wie »ds«

Ein Akzent steht im Italienischen nur, wenn die letzte Silbe betont wird. In den übrigen Fällen haben wir die Betonung durch einen Punkt unter dem betonten Vokal angegeben.

AUF EINEN BLICK

Ja./Nein./Vielleicht.	Sì./No./Fọrse.
Bitte./Danke./Vielen Dank!	Per favọre./Grạzie./Tạnte grạzie.
Gern geschehen.	Non c'è di che!
Entschuldigen Sie!	Scụsi!
Wie bitte?	Prẹgo?/Cọme, scụsi?/Cọme dịce?
Ich verstehe Sie/dich nicht.	Non La/ti capịsco.
Ich spreche nur wenig …	Pạrlo sọlo un po' di …
Können Sie mir bitte helfen?	Mi può aiutạre, per favọre?
Ich möchte …	Vorrẹi …
Das gefällt mir (nicht).	(Non) mi piạce.
Haben Sie …?	Ha …?
Wie viel kostet es?	Quạnto cọsta?
Wie viel Uhr ist es?	Che ọre sọno?/Che ọra è?

KENNENLERNEN

Guten Morgen!/Tag!	Buon giọrno!
Guten Abend!	Buọna sẹra!

Gute Nacht!	Buọna nọtte!
Hallo!/Grüß dich!	Ciạo!
Wie geht es Ihnen/dir?	Cọme sta?/Cọme stai?
Danke. Und Ihnen/dir?	Bẹne, grạzie. E Lei/tu?
Auf Wiedersehen!	Arrivedẹrci!
Tschüss!	Ciạo!
Bis bald!	A prẹsto!
Bis morgen!	A domạni!

UNTERWEGS

Auskunft

links/rechts	a sinịstra/a dẹstra
geradeaus	dirịtto
nah/weit	vicịno/lontạno
Wie weit ist das?	Quạnti chilọmetri sọno?
Ich möchte ... mieten.	Vorrẹi noleggiạre ...
... ein Auto	... ụna mạcchina.
... ein Fahrrad	... ụna biciclẹtta.
... ein Boot	... ụna bạrca.
Bitte, wo ist ...?	Scụsi, dov'è ...?
der (Haupt-)Bahnhof	la staziọne (centrạle)
der Hafen	il pọrto
die Haltestelle	la fermạta
der Anleger	l'imbarcadẹro

Panne

Ich habe eine Panne.	Ho un guạsto.
Würden Sie mir einen Abschleppwagen schicken?	Mi potrẹbbe mandạre un cạrro-attrẹzzi?
Gibt es hier in der Nähe eine Werkstatt?	Scụsi, c'è un'officịna qui vicịno?

Tankstelle

Wo ist bitte die nächste Tankstelle?	Dov'è la prọssima staziọne di servịzio, per favọre?
Ich möchte ... Liter ...	Vorrẹi ... lịtri di ...
... Super./... Diesel.	... sụper./... gasọlio.
... Bleifrei/... Verbleit.	... sẹnza piọmbo (vẹrde)/ ... con piọmbo.
Voll tanken, bitte.	Il piẹno, per favọre.

Unfall

Hilfe!	Aiụto!
Achtung!/Vorsicht!	Attenziọne!
Rufen Sie bitte schnell ...	Chiạmi sụbito ...
... einen Krankenwagen.	... un'autoambulạnza.

… die Polizei.	… la polizịa.
… die Feuerwehr.	… i vịgili del fuọco.
Haben Sie Verbandszeug?	Ha materiạle di prọnto soccọrso?
Es war meine Schuld.	È stạta cọlpa mịa.
Es war Ihre Schuld.	È stạta cọlpa Sụa.
Geben Sie mir bitte Ihren Namen und Ihre Anschrift!	Mi dịa il Sụo nọme e indirịzzo, per favọre!

ESSEN/UNTERHALTUNG

Wo gibt es hier …	Scụsi, mi potrẹbbe indicạre …
… ein gutes Restaurant?	… un buọn ristorạnte?
… ein typisches Restaurant?	… un locạle tịpico?
Gibt es in der Nähe eine Eisdiele?	C'è ụna gelaterịa qui vicịno?
Reservieren Sie uns bitte für heute Abend einen Tisch für vier Personen.	Può riservạrci per stasẹra un tạvolo per quạttro persọne?
Auf Ihr Wohl!	(Ạlla Sụa) salụte!
Bezahlen, bitte.	Il cọnto, per favọre.
Hat es geschmeckt?	Andạva bẹne?
Haben Sie einen Veranstaltungskalender?	Ha un progrạmma dẹlle manifestaziọni?

EINKAUFEN

Wo finde ich …?	Dọve pọsso trovạre …?
eine Apotheke	ụna farmacịa
eine Bäckerei	un panifịcio
ein Fotogeschäft	un negọzio di artịcoli fotogrạfici
ein Kaufhaus	un grạnde magazzịno
ein Lebensmittelgeschäft	un negọzio di gẹneri alimentạri
den Markt	il mercạto
einen Supermarkt	un supermercạto
einen Tabakladen	un tabaccạio
einen Zeitungshändler	un giornalạio

ÜBERNACHTEN

Können Sie mir bitte … empfehlen?	Scụsi, potrẹbbe consigliạrmi …
… ein Hotel	… un albẹrgo?
… eine Pension	… ụna pensiọne?
Ich habe bei Ihnen ein Zimmer reserviert.	Ho prenotạto ụna cạmera.
Haben Sie noch …?	È lịbera …?
… ein Einzelzimmer	… ụna sịngola

… ein Zweibettzimmer	… ụna dọppia
… mit Dusche/Bad	… con dọccia/bạgno
… für eine Nacht	… per ụna nọtte
… für eine Woche	… per ụna settimạna
… mit Blick aufs Meer	… con vịsta sul mạre
Was kostet das Zimmer …	Quạnto cọsta la cạmera …
… mit Frühstück?	… con la prịma colaziọne?
… mit Halbpension?	… a mẹzza pensiọne?

PRAKTISCHE INFORMATIONEN

Arzt

Können Sie mir einen guten Arzt empfehlen?	Mi può consigliạre un buọn mẹdico?
Ich habe Durchfall	Ho la1 diarrẹa.
Ich habe …	Ho …
… Fieber.	… la fẹbbre.
… Kopfschmerzen.	… mal di tẹsta.
… Zahnschmerzen.	… mal di dẹnti.

Post

Was kostet …	Quạnto cọsta …
… ein Brief …	… ụna lẹttera …
… eine Postkarte …	… ụna cartolịna …
nach Deutschland?	per la Germạnia?

ZAHLEN

0	zẹro	19	diciannọve
1	ụno	20	vẹnti
2	dụe	21	ventụno
3	tre	30	trẹnta
4	quạttro	40	quarạnta
5	cịnque	50	cinquạnta
6	sei	60	sessạnta
7	sẹtte	70	settạnta
8	ọtto	80	ottạnta
9	nọve	90	novạnta
10	dịeci	100	cẹnto
11	ụndici	101	centoụno
12	dọdici	200	duecẹnto
13	trẹdici	1000	mịlle
14	quattọrdici	2000	duemịla
15	quịndici	10000	diecimịla
16	sẹdici		
17	diciassẹtte	1/2	un mẹzzo
18	diciọtto	1/4	un quạrto

Reiseatlas Italien

Die Seiteneinteilung für den Reiseatlas finden Sie auf dem hinteren Umschlag dieses Reiseführers

Kartenlegende Reiseatlas

Autobahn, mehrspurige Straße - in Bau Highway, multilane divided road - under construction		Autoroute, route à plusieurs voies - en construction Autosnelweg, weg met meer rijstroken - in aanleg
Fernverkehrsstraße - in Bau Trunk road - under construction		Route à grande circulation - en construction Weg voor interlokaal verkeer - in aanleg
Hauptstraße Main road		Route principale Hoofdweg
Nebenstraße Secondary road		Route secondaire Overige verharde wegen
Fahrweg, Piste Practicable road, track		Chemin carrossable, piste Weg, piste
Straßennummerierung Road numbering	E20 11 70 26	Numérotage des routes Wegnummering
Entfernungen in Kilometer Distances in kilometers	259 130 129	Distances en kilomètres Afstand in kilometers
Höhe in Meter - Pass Height in meters - Pass	1365	Altitude en mètres - Col Hoogte in meters - Pas
Eisenbahn - Eisenbahnfähre Railway - Railway ferry		Chemin de fer - Ferry-boat Spoorweg - Spoorpont
Autofähre - Schifffahrtslinie Car ferry - Shipping route		Bac autos - Ligne maritime Autoveer - Scheepvaartlijn
Wichtiger internationaler Flughafen - Flughafen Major international airport - Airport		Aéroport important international - Aéroport Belangrijke internationale luchthaven - Luchthaven
Internationale Grenze - Provinzgrenze International boundary - Province boundary		Frontière internationale - Limite de Province Internationale grens - Provinciale grens
Unbestimmte Grenze Undefined boundary		Frontière d'Etat non définie Rijksgrens onbepaalt
Zeitzonengrenze Time zone boundary	-4h Greenwich Time -3h Greenwich Time	Limite de fuseau horaire Tijdzone-grens
Hauptstadt eines souveränen Staates National capital	**ROMA**	Capitale nationale Hoofdstad van een souvereine staat
Hauptstadt eines Bundesstaates Federal capital	**Firenze**	Capitale d'un état fédéral Hoofdstad van een deelstaat
Sperrgebiet Restricted area		Zone interdite Verboden gebied
Nationalpark National park		Parc national Nationaal park
Antikes Baudenkmal Ancient monument	∴	Monument antique Antiek monument
Sehenswertes Kulturdenkmal Interesting cultural monument	✶ *Chambord*	Monument culturel intéressant Dezienswaardig cultuurmonument
Sehenswertes Naturdenkmal Interesting natural monument	✶ *Gorges du Tarn*	Monument naturel intéressant Bezienswaardig natuurmonument
Brunnen Well		Puits Bron
Ausflüge & Touren Excursions & tours		Excursions & tours Uitstapjes & tours

LAUSANNE
GENÈVE
Genève
Lac Léman
Cossonay
Le Brassus
St.-Laurent-en-Grandvaux
Moirans-en-Montagne
St.-Claude
Gex
Nyon
Rolle
Morges
Vevey
Montreux
Bulle
Château-d'Oex
Saanen
Frutigen
Adelboden
Kandersteg
Jungfrau
Eiger
Interlaken
Jungfrau-Aletsch-Bietschhorn-Gebiet
Lenk
Les Diablerets
Wildhorn
Leukerbad
Goppenstein
Brig
Visp
Sierre
Sion
Aigle
Bex
Berner Alpen
Thonon-les-Bains
Évians-l.-B.
Oyonnax
Annemasse
Champéry
Martigny
Valais / Wallis
Walliser Alpen
Zermatt
Saas Fee
Matterhorn
Grd. Combin
Mte. Cervino
Mt. Rosa
Breuil-Cervinia
Alpi Pennine
Bellegarde-s-Valserine
Bonneville
La Roche-s-Foron
Seyssel
Sallanches
Chamonix-Mont-Blanc
Megève
Mt. Blanc
Monte Bianco
Annecy
Duingt
Aix-l.-B.
Albertville
Ugine
Courmayeur
Pré-St.-Didier
Valle d'Aosta
Vallée d'Aoste
Aosta
Châtillon
Champoluc
Gressoney St.Jean
Verrès
Fénis
Issogne
Cogne
Sacro Monte
Pont St.Martin
Ivrea
Chambéry
Bourg-St.-Maurice
Aiguebelle
Moûtiers
Gran Paradiso
Parco Naz. del Gran Paradiso
Col de l'Iseran
Noasca
Val-d'Isère
Pralognan-la-Vanoise
Parc Nat. de la Vanoise
Pontcharra
Isère
GRENOBLE
Villard-Bonnet
Gières
Vizille
Séchilienne
Villar-d'Arène
St.-Michel-de-Maurienne
Lanslebourg-Mont-Cenis
Céres
Ciriè
Piemonte
Modane
Bardonecchia
Valle di Susa
Susa
Almese
TORINO
Chivasso
Sett. Torinese
Rivoli
Moncalieri
Chieri
Fenestrelle
Oulx
Sestriere
Col du Lautaret
Barre des Ecrins
Parc National des Écrins
la Mure
Col de la Croix-Haute
Briançon
Abriès
Pinerolo
Torre Pèllice
Carmagnola
Moretta
Bra
Alba
FRANCE
Guillestre
Saluzzo
Savigliano
Col Bayard
Chorges
Gap
Veynes
L de Parpaillon
Alpi Cozie
Sampèyre
Fossano
Busca
Dogliani
Mgne.
Barcelonnette
Acceglio
Larche
Dronero
Cúneo
Ceva
Durance
Laragne-Montéglin
Selonnet
Col de Maure
Borgo S. Dalmazzo
Mondovì
Sisteron
Château-Arnoux
Provence-
Parc Nat. du Mercantour
Valdieri
Limone Piemonte
Ormea
Parco Naz. d'Alpi Marittime
Digne-l.-B.
Thorame-Haute
Guillaumes
St.-Sauveur-s.-Tinée
Tende
Pieve d.T.
La Brillane
Barrême
Entrevaux
Col des Lèques
la Giandola
Moustiers-Ste-M.
Alpes-
Sospel
San Remo
Tàggia
Riez
Castellane
St.-Martin-du-Var
Menton
Ventimiglia
Verdon
Col de Valferrière
MONACO
Monte-Carlo
Monaco
Vinon-s.-V.
Lac de Ste.-Croix
Vence
NICE
Côte d'Azur
Riviera
Grasse
Mougins
Antibes
Cannes
Barjols
Parc Nat. Rég. du Verdon
Salernes
St.-Maximin-la-Ste-Baume
Argens
Draguignan
Carces
Fréjus
Brignoles
Le Luc
St.-Raphaël
Ste Maxime
Côte d'Azur
L'Île-Rousse, Calvi
Ajaccio
30 km

SCHWEIZ
Ticino
Graubünden / Grischun / Grigioni
Andermatt
St. Gotthard / Pso. d. S. Gottardo
Airolo
Mustér
Splügen
Rheinwald-horn 3402
Mesocco
Sonogno
Locarno
Bellinzona
Chiavenna
Novate Mezzola
St. Moritz
Samedan
S-chanf
Müstair
Pontresina
Piz Bernina 4049
Berninapass (2328)
N.P. Stilfser-joch
P.d. Stelvio / Stilfser Joch
P.Naz. dello Stelvio
Ortler / Ortles 3905
Glurns
Silandro / Schlanders
Bormio
Brúsio
Tirano
Sondrio
Màle
Madonna di Campiglio
Adamello 3554
Èdolo
Còlico
Morbegno
Adda
Pzo. d. Coca 3052
Capo di Ponte
Inc. Rupestri
Tione d.T.
Alpi Oròbie
Lombardia
Lago di Como
Lago Maggiore
Lugano
Bellágio
Luino
Verbània
Laveno Momb.
Sacro Monte
Monte San Giórgio
Stresa
Varese
Como
Lecco
Piazza Brembana
Clusone
Lóvere
Zogno
Breno
Val Camonica
Riva d. Garda
Malcesine
Lago d'Iseo (Sebino)
Lago di Garda
Vestone
Gardone V.T.
Iseo
Salò
Garda
BÉRGAMO
Palazzolo s.O.
Cantù
Saronno
Gallarate
Busto Arsizio
Legnano
Rho
MONZA
Crespi
Treviglio
Chiari
BRESCIA
Peschiera d.G.
Desenzano d.Garda
Villafranca d.V.
MILANO
Magenta
Novara
Vigévano
Melegnano
Soncino
Crema
Ghedi
Lodi
Vercelli
Mortara
S. Àngelo Lodigiano
Chiese
Àsola
Mantova
Garlasco
Pavia
Codogno
Cremona
Piadena
Valenza
Stradella
Piacenza
Casalmaggiore
Guastalla
Alessandria
Voghera
Rivergaro
Tortona
Varzi
Fidenza
PARMA
Salsomaggiore Terme
RÉGGIO NELL'EMÍLIA
Novi Lìgure
Acqui Terme
Ovada
Ferriere
Emilia
Sassuolo
Torriglia
Borgo Val di Taro
Fornovo di Taro
GÉNOVA
Liguria
Arenzano
Savona
Rapallo
Chiávari
Castelnovo ne'Monti
Pontremoli (235)
Monte-fiorino
Sta. Margherita Lìgure
Portofino
Sestri Levante
Levanto
Cinque Terre
Fivizzano
M. Cimone 2165
Castelnuovo di Garfagnana
Sassi
Barga
Riviera di Ponente
Riviera di Levante
Golfo di Genova
LA SPÉZIA
Portovénere
Carrara
Massa
Pietrasanta
Lucca
Montecatini Terme
Viaréggio
Massarosa
Mare Ligure
PISA
Arno
Marina di Pisa
Pontedera
Collesalvetti
LIVORNO
Ísola di Gorgona
Castiglioncello
Rosignano Marittimo
Volterra
Bastia
L'Île-Rousse
(Tanger)

158

A
B
C
1
2
3
4
5
6
Schruns
Prutz
Längenfeld
Brennerpass
P. d. Brennero
Ötztaler Alpen
Timmelsjoch
P. d. Rombo
Wildspitze
3772
Paznaun
Passo di Resia
Reschenpass
Pfunds
Saas i.P.
Klosters
Davos
Chur
Arosa
Silvretta-
Piz Linard
Scuol
Schuls
Curon V.
Graun i.V.
Vipiteno
Sterzing
Moso i.P.
Moos i.P.
Mezzaselva
Mittewald
SCHWEIZ
Tiefencastel
Zernez
Sluderno
Schluderns
Naturno
Naturns
Merano
Meran
Bressanone
Brixen
Glorenza
Glurns
Müstair
Rätische Alpen
S-chanf
Samedan
St.Moritz
Pontresina
Engadin
Stilfser-joch
P.Naz. Stelvio
P.d. Stelvio
Stilfser Joch
Silandro
Schlanders
Trentino - Alto Adige
BOLZANO
BOZEN
St.Ulrich
Santa Cristina
Piz Bernina
4049
Berninapass
(2328)
Bormio
Ortler
Ortles
3905
dello Stelvio
Marmolada
3342
Malè
Ora
Auer
Predazzo
Brusio
Tirano
Madonna di Campiglio
San Martino d. C.
Cavalese
Sondrio
Èdolo
Adamello
Paganella
Lavis
Adda
Morbegno
Pzo. d. Coca
3052
Capo di Ponte
Val Camonica
Trento
Pèrgine V.
Borgo V.
Dolomiti Bellunesi
Feltre
Alpi Orobie
Inc. Rupestri
Tione d.T.
Riva d.Garda
Arco
Castel Beseno
Pusterno
Piazza Brembana
Clusone
Breno
Rovereto
Brenta
Zogno
Lóvere
Lago d'Iseo (Sebino)
Malcesine
Avio
Bassano d.G.
Castelfranco
BÉRGAMO
Vestone
Lago di Garda
Schio
Thiene
Palazzolo s.O.
Gardone V. T.
Iseo
Valdagno
Cittadella
Crespi
BRÉSCIA
Salò
Garda
VICENZA
Véneto
Chiari
Arzignano
VERONA
Peschiera d. G.
Soncino
Desenzano d.Garda
Villafranca d. V.
PADOVA
Crema
Ghedi
San Bonifacio
Lonigo
Abano Terme
Lodi
Montagnana
Monselice
Codogno
Ásola
Chiese
Cremona
Piadena
Mantova
Ostiglia
Rovigo
Piacenza
Casalmaggiore
Guastalla
S. Benedetto
Pòggio Rusco
Fidenza
PARMA
Mirandola
Bondeno
FERRARA
Salsomaggiore Terme
Carpi
RÉGGIO NELL'EMÍLIA
MÓDENA
Cento
S. Giovanni i.P.
Emília-Romagna
Fornovo di Taro
Sassuolo
Búdrio
Borgo Val di Taro
Castelnovo ne'Monti
Vignola
BOLOGNA
Medicina
Pontremoli
Montefiorino
Pavullo nel Frignano
Ímola
Faenza
Pianoro
Fivizzano
Castelnuovo di Garfagnana
M. Cimone
Porrètta Terme
Brisighella
FORLÍ
Sassi
Firenzuola
Portovènere
Carrara
Massa
Barga
S. Marcello Pistoiese
Marradi
LA SPÉZIA
Forte dei Marmi
Viaréggio
Pietrasanta
Pistòia
PRATO
Borgo San Lorenzo
Vìcchio
Santa Sofia
Monte Falterona
1654
Lucca
Massarosa
Vinci
Fiésole
Pontassieve
Casentino
Bastia
158

D
E
F
1
2
3
4
5
6
Großglockner
Hochtor
Hochalpenstraße
Badgastein
Hochalm-spitze
Matrei
Heiligenblut
Mallnitz
in Osttirol
Hohe Tauern
Obervellach
Gmünd
Biosphärenpark Nockberge
Predlitz
Murau
Grades
Bad St.Leonh
Turrach
Friesach
Hüttenberg
Erlsbach
tirol
Polinik
Stilleck
Gurk
Eberstein
Lienz
Möll
Möllbrücke
Oberdrauburg
ÖSTERREICH
St.Veit a.d.Gl.
Dobbiaco
Toblach
Spittal a.d.Dr.
Feistritz a.d.Dr.
Völkermarkt
Sillian
Kötschach
Mauthen
Feldkirchen i.K.
Villach
Drei Zinnen
Tre Cime
Plöckenpass
P. d. M. Croce
Hermagor
Klagenfurt
Wörther See
Karnische Alpen
Alpi Carniche
Gail
Cortina d'Ampezzo
Wurzenpass
Ferlach
Eisenkappe
Karawanken
Pontebba
Kranjska Gora
Seeberg
Passo d.Predil
Jesenice
Zgornje Jezersko
Grintov
Friuli-
Villa Santina
Triglavski narodni park
Triglav
Pieve di Cadore
Tolmezzo
Bovec
Golnik
Bohinjska Bistrica
Gemona d.Fr.
Venézia-
Kobarid
Julijske alpe
Kranj
Ponte n.Alpi
Maniago
Spilimbergo
Tarcento
Tolmin
Škofja Loka
Giúlia
ÙDINE
Cividale d.F.
Čepovan
LJUBLJANA
Pordenone
Nova Gorica
Idrija
Vrhnika
SLOVENIJA
Codròipo
Gorizia
Sacile
Cervignano
Ajdovščina
Kalce
Postojnska jama
Cerknica
Oderzo
Portogruaro
Monfalcone
Duino-Aurisina
Ausa-Corno
Aquiléia
Sežana
Postojna
Treviso
Lignano S.
TRIESTE
Pivka
Roncade
S. Stino d.L.
Grado
Lipica
Škocjanske jame
S. Donà d.P.
Muggia
Ilirska Bistrica
Cáorle
Golfo di Trieste
Koper
Eraclea
Jesolo
Portorož
Izola
Nac.park Risnjak
VENÉZIA
Umago
Opatija
Novigrad
Vižinada
RIJEKA
Golfo di Venèzia
Istra
Mošćenička Draga
Chióggia
Poreč
Pazin
Brestova
Malinska
Porozina
Krk
Rovinj
Barban
Raša
Labin
Taglio di Po
Delta del Po
Porto Tolle
Nacionalni park Brijuni
Vodnjan
Cres
Mesola
Pula
Kvarner
Zeča
HRVATSKA
Lošinj
Osor
Unije
Comácchio
Mali Lošinj
Mare Adriatico
Jadransko More
Susak
Zadar
Silba
Marina di Ravenna
RAVENNA
Premuda
Cérvia
Cesenático
RÍMINI
Igoumenitsa, Kerkyra, Patra, Çeşme, İzmir, İstanbul
Riccione
Cattòlica
Gabicca Mare
San Marino
SAN MARINO
Pésaro
Novaféltria
Fano
30 km
159

Viaréggio
Lucca
156
PRATO
Borgo San Lorenzo
Massarosa
Montecatini Terme
Vinci
Fiésole
Pontassieve
Monte Falterona
1654
Bagno di Romagna
Casentinesi-M.Falterona-Camp.
PISA
Arno
Marina di Pisa
Émpoli
FIRENZE
Poppi
Bibbiena
LIVORNO
Pontedera
Colle-salvetti
Certaldo
Greve
Figline V.
Montevarchi
Sansepolcro
Castiglioncello
S.Gimignano
Poggibonsi
Chianti
Arezzo
Città di Castello
Rosignano Marittimo
Volterra
Toscana
Monte-riggioni
Castiglion
Cecina
Pomarance
Siena
Cortona
Porto-Vecchio
Colline Metallifere
le Cornate
1059
Sinalunga
Passignano
San Vincenzo
Massa Mar.
S. Galgano
Monticiano
Castiglione d.L.
L. Trasimeno
Populonia
Montalcino
Pienza
Montepulciano
Chiusi
Piombino
Val d'Orcia
Sarteano
Città d. P.
854
Canale di Piombino
G. di Follónica
Follónica
M. Amiata
Marsciano
Portoferráio
630
Arcidosso
1738
Abbadia S.Salvatore
Ficulle
Porto Azzurro
Punta Ala
Grosseto
Todi
1019
Castiglione d.P.
Scansano
Saturnia
Orvieto
Bastia
Isola d'Elba
Maremma
Pitigliano
Bolsena
Acquapendente
I. Pianosa
Pianosa
Parco Nazionale
Magliano i.T.
Albegna
L. di Bolsena
Tevere
Arcipélago Toscano
Manciano
Bomarzo
Orbetello
Fiora
Viterbo
Porto S.Stéfano
Capalbio
Cosa
Tuscánia
Orte
645
Bastia
Gíglio Castello
496
Porto Ércole
Montalto di Castro
Marta
Vetralla
L. di Vico
Pal. Farnese
I. di Montecristo
I. del Gíglio
Tarquínia
Mti. della Tolfa
Tolfa
579
L. di Bracciano
Bracciano
Civitavécchia
Cervéteri
Ladíspoli
Ólbia, Golfo Aranci
1626
CITTÀ DEL VATICANO
Fiumicino
Lido di Ostia
ROMA
Livorno
Mare Tirreno
La Spézia
Ólbia
1865
Ólbia
Golfo Aranci
Árbatax
Árbatax
30 km
A11
E76
A1
E35
E45
E78
A12
E80

E
F
157
1
2
3
4
5
6
Zadar
Split
Bar, Dubrovnik, Durrës,
Kerkyra, Igoumenitsa, Patra
Dubrovnik
Isole Trémiti
Mare
Adriatico
Cattolica
Gabicce Mare
Pésaro
Fano
Senigállia
Fossombrone
Falconara Marittima
ANCONA
Sirolo
Pérgola
Jesi
M. Cátria
Cantiano
Loreto
Porto Recanati
Cíngoli
Fabriano
Macerata
Civitanova Marche
Marche
Matélica
Camerino
S. Severino
Porto S. Giòrgio
Fermo
Nocera Umbra
Assisi
Spello
S. Ginèsio
Fiastra
S. Benedetto d.T.
P. Naz. dei Monti Sibillini
Mti. Sibillini
Foligno
Visso
Áscoli Piceno
Martinsicuro
Norcia
Arquata d.T.
Giulianova
Spoleto
P.N. del Gran Sasso
Mti. della Laga
Téramo
Roseto d.A.
Amatrice
Pineto
TERNI
Atri
Narni
M. Terminillo
Ísola d. Gr. Sasso dIt.'
Gran Sasso d'Italia, e Monti della Laga
Penne
PESCARA
Rieti
Antrodoco
Cittaducale
Mti. Sabini
L'Áquila
Barisciano
Ortona
Chieti
Torre d.P.
Abruzzo
Lanciano
Fara i.S.
Appennino Abruzzese
Pópoli
Guardiagrele
Vasto
Celano
P.N. della Maiella
la Maiella
Monti dei Frentani
Monterotondo
Avezzano
Pescina
Sulmona
Atessa
Marsica
Scanno
Maiella
Guglionesi
Tivoli
Subiaco
Palestrina
Aniene
Salto
Frascati
Colli Albani
Anagni
Fiuggi
Alatri
Sora
P.N. d'Abruzzo
Pescassèroli
Castel d.S.
Agnone
Trivento
Velletri
Ferentino
Casamari
Arpino
Molise
Biferno
Campobasso
Lazio
Frosinone
Isérnia
Ceccano
Montecassino
Cassino
Venafro
Mti. del Matese
Bojano
LATINA
Sezze
Priverno
Fondi
Piedimonte M.
Alife
Sabáudia
Terracina
Sperlonga
Parco Naz. del Circeo
S. Felice Circeo
M. Circeo
Gaeta
Formia
Sessa A.
M. Maggiore
Calore
Benevento
Golfo di Gaeta
Mondragone
Cápua
Caserta
Montesárchio
S. Maria
Cervinara
I. Palmarola
I. Zannone
Aversa
Avellino
Isola di Ponza
Ponza
Isole Ponziane o Pontine
NÁPOLI
Nola
Vesúvio
Pozzuoli
I. d. Prócida
TORRE D.G.
Nocera
I. Ventoténe
Isola d'Íschia
Pompei
SALERNO
Íschia
Castell.
Sorrento
Positano
Amalfi
G. di Nápoli
160
A14
A24
A25
A1
A30
A16
E78
E55
E80
E45

A
B
C
159
Martinsicuro
Giulianova
Roseto d.A.
Atri
Pineto
Trogir
Ancona, Venézia, Trieste
Modra spilja
Biševo
Jadransko More
PESCARA
Penne
Ortona
Chieti
Abruzzo
Lanciano
Guardiagrele
la Maiella
2793
Monti dei Frentani
Vasto
Atessa
P.N. della Maiella
Isola Pianosa
Isole Trémiti
Térmoli
Guglionesi
Agnone
Castel d.S.
Trivento
Larino
L. di Lésina
Lesina
L. di Varano
Péschici
Promontorio
Vieste
P. Naz. del Gargano
Apricena
Cagnano Varano
S.Severo
Molise
Biferno
Trigno
Isérnia
Campobasso
Lucera
S.Giovanni R.
Monte S.Á.
Manfredónia
Golfo di Manfredónia
Venafro
Mti. del Matese
Bojano
S. Bartolomeo i.G.
FÓGGIA
Tavoliere
Piedimonte M.
Alife
Tróia
Orta
Margherita
Cerignola
M. Maggiore
Calore
Benevento
Caserta
Cápua
S. Maria
Monte-sárchio
Ariano
Deliceto
Candela
Canosa d.P.
Lavello
Aversa
NAPOLI
Cervinara
S. Angelo d.L.
Melfi
M. Vúlture
Barile
Venosa
Rionero i.V.
Nola
Vesúvio
Avellino
Montella
Mti.Picentini
TORRE D.G.
Nocera
Pompei
Castellammare d.S.
SALERNO
Muro L.
Avigliano
Genzano d.L.
Sorrento
G. di Nápoli
Amalfi
Positano
Battipáglia
Éboli
Buccino
Potenza
Tricárico
Capri
Punta Campanella
Golfo di Salerno
Campania
Basilicata
Auletta
Polla
Brienza
P.N. del Cilento
Paestum
Capáccio
Sala C.
M.Volturino
Padula
Corleto
Agrópoli
Vallo di Diano
M.Cervati
Castellabate
Punta Licosa
Vallo d.L.
Montesano s.M.
Moliterno
S. Arcángelo
Vélia
Ascea
Lauria
Palinuro
Capo Palinuro
Sapri
Golfo di Policastro
Maratea
P. Naz. del Pollino
Mormanno
Práia a.M.
Santa Doménica
Morano Calabro
Pollino
la Mula
Belvedere Maríttimo
Tunis
València
Palermo
Lipari, Messina
Messina
30 km
162

D
E
F
1
2
3
4
5
6
Korčula
Čara 568
Korčula
Lastovski kan.
Ubli
Lastovo
Lastovo 417
Park prirode Lastovo
HRVATSKA
Janjina
Neum
Pelješac 631
Mljetski kanal
Polače
Nac. park Mljet
Mljet
631
64
Ston
Slano
Okuklje
Trsteno
Jadranska magistrala
Dubrovnik
Cavtat
Ćilipi
Hutovo
Ljubinje
Bileća
Velimlje
Orahov Do
BiH
MNE
6
Trebinje
Podbožur
Vilusi
Lastva
Jablan Do
Grahovo
1895
N.P. Orjen
Crkvice
2
Risan
Kotor
Herceg-Novi
Tivat
Boka Kotorska
586
E65
Nac. park Lovćen
Budva
Jadransko More
Adriatico
1260
Bar
200
Durrës
1399
Bisceglie
Molfetta
E55
BARI
Bitonto
96
Mola d.B.
Polignano a.M.
Adelfia
Monópoli
Casamássima
Grotte di Castellana
E843
16
Fasano
Gióia d.C.
E55 99
Ostuni
88
A14
Alberobello
379
Matera
100
Martina F.
Brindisi
Céglie Messápica
E90 613
Laterza
Móttola
Massafra
Penísola Salentina
65
Mesagne
Francavilla F.
Squinzano
TÁRANTO
Bernalda
Pisticci
106
Metaponto
Mandúria
Véglie
7ter
LECCE
Vlorë
Kérkira
101
Porto Cesáreo
Martano
Nardó
Galatina
Policoro
Golfo di Táranto
Ótranto
E90
Gallípoli
Máglie
S. Cesárea Terme
104
Ugento
Tricase
275
Trebisacce
Marina di Léuca
Capo S.Maria di Léuca
2154
Catánia

163

A
B
C
1
2
3
4
5
6
160
162
TORRE
D.G.
Castellammare
d.S.
Nocera
SALERNO
Mti.Picentini
1809
(1136)
Muro L.
Avigliano
Genzano
d.L.
Sorrento
G. di Napoli
Grotta Azzurra
Capri
Isola di Capri
Positano
Amalfi
Punta Campanella
Battipáglia
Éboli
Buccino
Potenza
Tricárico
Golfo di Salerno
Campania
Paestum
València
Nápoli
Agrópoli
Capáccio
P.N. del Cilento e Vallo di Diano
Auletta
Polla
Brienza
Basilicata
Sala C.
M.Volturino
Corleto
Padula
Castellabate
Punta Licosa
1131
M.Cervati
1898
Vallo d.L.
Vélia
Montesano s.M.
1761
Moliterno
Agri
S. Arcár
Ascea
Palinuro
Capo Palinuro
Sapri
Golfo di Policastro
Lauria
2005
Maratea
Mormanno
Práia a.M.
Santa Doménica
Morano Calabro
1462
Pollino
la Mula
1935
1582
2000
Belvedere Maríttimo
Cetraro
Bisignano
Montalto U.
Páola
COSENZA
Rogliano
Amantea
Mare Tirreno
S. Eufémia L.
Golfo di S. Eufémia
Isole Eólie o Lípari
Isola Strómboli
924
Pizzo
Tropea
Capo Vaticano
Vibo Valéntia
Nicótera
Rosarno
Gióia Táuro
Polistena
Cittanova
Palmi
Isola Alicudi
Isola Filicudi
Malfa
Santa Marina-Salina
Isola Salina
I. Panarea
Lípari
Isola Lípari
Porto Levante
Isola Vulcano
Cefalù
Milazzo
MESSINA
Stretto di Messina
Villa S.G.
Gerace
Capo dOrlando
Sant'Ágata d.M.
Patti
Mti. Peloritani
Sto. Stéfano d.C.
Mistretta
Nebrodi
Portella d.Miráglia
(1505)
(1264)
1374
Novara d.S.
Randazzo
(1107)
Sta. Teresa d.Riva
Taormina
RÉGGIO D.C.
Montalto
1956
Aspromonte
Bova
Bova Marina
Mélito d. Porto Salvo
Branca
Troina
Bronte
M.Etna
3323
Zafferana Étnea
Giarre
Acireale
Nicosia
L. d. Pozzillo
Adrano
Leonforte
Agira
Catenanuova
Paternò
Sicília
1646
Valletta
Enna
L. d. Ogliastro
Piazza Amerina
CATÁNIA
E841
E847
E45
E90
A3
A18
A19
A20
207
153
266
257
94
91
18
585
105
107
113
116
120
106
111
169
93

161

D
E
F
1
2
3
4
5
6
Alberobello
Ostuni
Matera
Martina F.
Céglie Messápica
Brindisi
Laterza
Móttola
Massafra
Mesagne
Penísola Salentina
Bari, Ravenna, Venézia
Kérkira
Vlorë
TÁRANTO
Francavilla F.
Squinzano
Bernalda
Pisticci
Metaponto
Mandúria
Véglie
LECCE
Porto Cesáreo
Martano
Nardó
Galatina
Ótranto
Policoro
Golfo di Táranto
Gallípoli
Máglie
S. Cesárea Terme
Ugento
Tricase
Trebisacce
Marina di Léuca
Capo S.Maria di Léuca
Rossano
Longobucco
Cariati
Campana
Punta Alice
Cirò
P.Naz. della Sila
Stróngoli
S.Giovanni in Fiore
Sila
Cotronei
Neto
Crotone
Cutro
Catanzaro
Isola di C.R.
Capo Rizzuto
Golfo di Squillace
Catanzaro Marina
Soverato
Calábria
Monasterace Marina
Mar Ionio
Iónio Pélagos
30 km

Im Register sind alle in diesem Reiseführer erwähnten Orte und Ausflugsziele unter ihrem deutschen Namen verzeichnet. Halbfette Seitenzahlen verweisen auf den Haupteintrag, kursive auf ein Foto.